Schriften
des
Vereins für Sozialpolitik.

174. Band.

Finanzwissenschaftliche Untersuchungen.

Herausgegeben von Walther Lotz.

Erster Teil:

1. Steuerverwendung und Interessenpolitik. Von Rudolf Goldscheid.
2. Wie nimmt der Generalagent für deutsche Reparationszahlungen zu den Tatsachen des Finanzausgleichs Stellung? Von Constantin Miller.

Verlag von Duncker & Humblot.
München und Leipzig 1928.

Finanzwissenschaftliche Untersuchungen.

Wissenschaftliche Gutachten

herausgegeben von

Walther Lotz.

Erster Teil:

1. Steuerverwendung und Interessenpolitik. Von Rudolf Goldscheid.
2. Wie nimmt der Generalagent für deutsche Reparationszahlungen zu den Tatsachen des Finanzausgleichs Stellung? Von Constantin Miller.

Verlag von Duncker & Humblot.
München und Leipzig 1928.

Pierersche Hofbuchdruckerei Stephan Geibel & Co., Altenburg, Thür.

Vorbemerkung des Herausgebers.

Außer dem Referat, welches Herr R. Goldscheid am 22. September 1926 in Wien zur Einleitung der Diskussion des Unterausschusses für Finanzwissenschaft und Finanzpolitik über „Steuerverwendung und Interessenpolitik" gehalten hat, wird hiermit eine Untersuchung von Herrn Constantin Miller: „Wie nimmt der Generalagent für deutsche Reparationszahlungen zu den Tatsachen des Finanzausgleichs Stellung?" der Öffentlichkeit vorgelegt.

München, im Februar 1928.

W. Lotz.

1. Steuerverwendung und Interessenpolitik.

Von
Rudolf Goldscheid.

Inhalt.

	Seite
Vorbemerkung	8
Einleitung	9
I. Steuergerechtigkeit, Steuerüberwälzung und Steuerzweck	10
II. Das Ganze der Wirtschaft als Synthese von Güterökonomie und Menschenökonomie	13
III. Die wirtschaftliche Tüchtigkeit des armen und des reichen Gemeinwesens	15
IV. Die Erfahrungen an der Finanzpolitik der Gemeinde Wien als Beweis für die Bedeutung der Finanzsoziologie	20
V. Die Entstehung der öffentlichen Ausgaben	22
VI. Der Wandel in der sozialen Funktion der Steuern	24
VII. Die Steuerverwendungslehre und das Problem des Staates	28
VIII. Das Verhältnis von Mensch und Staat und der produktive Arbeitsstaat	33
IX. Die Wechselbeziehungen zwischen Steuerdruck und Wirtschaftsdruck	35
X. Das Prinzip der Selbsthilfe in soziologischer Betrachtung	38
XI. Die Rationalisierung der Wirtschaft, die Rationalisierung des öffentlichen Haushalts und die sozialen Lasten	40
XII. Die finanzsoziologischen und menschenökonomischen Lehren der Wirtschaftlichkeitswissenschaft	41
Dr. Constantin Miller: Wie nimmt der Generalagent für deutsche Reparationszahlungen zu den Tatsachen des Finanzausgleichs Stellung?	47

Vorbemerkung.

Den Fachleuten, für die die vorliegende Abhandlung bestimmt ist, ist das Zahlenmaterial, auf das sich meine Ausführungen stützen, bekannt; sie können sich auch jederzeit die detaillierten Haushaltpläne der verschiedenen Staaten, Länder und Gemeinden beschaffen. Das gleiche gilt für die Fülle der Daten der Finanzgeschichte, aus denen meine Schlußfolgerungen abgeleitet sind. Hier einzelne Ziffern oder Beispiele herauszugreifen, hätte nur allzuleicht zu Mißverständnissen geführt; besonders ohne die eingehendsten Erläuterungen, die aber wieder den Rahmen eines erweiterten Vortrags gesprengt hätten, der nicht überschritten werden sollte.

Ich habe es deshalb vorgezogen, auf die Anführung jeglichen Zahlenmaterials überhaupt zu verzichten, um statt dessen die theoretischen Grundlinien um so klarer hervortreten zu lassen. Der strengen wissenschaftlichen Kritik bleibe es vorbehalten, meine prinzipiellen Darlegungen mit dem verfügbaren Zahlenmaterial und mit den Daten der Finanzgeschichte sorgsam prüfend zu vergleichen.

Wien, 1. September 1927.

Rudolf Goldscheid.

Einleitung.

Die Finanzwissenschaft hat bisher der Einnahmenseite des Budgets ihre Hauptaufmerksamkeit zugewendet, sich mit der Ausgabenseite jedoch weit weniger gründlich beschäftigt; und zwar sowohl in ihrem rein beschreibenden, wie in ihrem praktisch politischen Teil. Ganz besonders gilt dies für die kritische Analyse und für die theoretische Fundierung ihrer Lehren. Daraus ergab sich der Übelstand, daß die wechselseitige Beeinflussung von öffentlichen Einnahmen und öffentlichen Ausgaben nicht mit genügender Schärfe in den Mittelpunkt der Betrachtungen gerückt wurde, was namentlich zur Folge hatte, daß die Lehre von den öffentlichen Einnahmen sich im Verlauf zu einem sehr durchdifferenzierten System ausgestaltete, während hinsichtlich der öffentlichen Ausgaben selbst auch nur die Ansätze zu einem ähnlich durchgebildeten System fehlen.

Nun sind aber die öffentlichen Einnahmen zweifellos nur die Mittel der öffentlichen Wirtschaft, deren eigentlichen Zweck stellen die öffentlichen Ausgaben dar. Verbürgt die Zusammensetzung der Ausgaben deshalb nicht das Maximum der Produktibität, so kann auch die bestabgestufte und vernünftigst geregelte Verteilung der Steuerlasten die Mängel der unökonomischen Steuerverwendung unmöglich beseitigen. Die Ausgaben, die ein Gemeinwesen in den Voranschlag seines Budgets einstellt, sind geradezu der mathematische Ausdruck der Aufgaben, die es sich setzt. Sind diese Aufgaben vom sozialen Standpunkt aus betrachtet unökonomisch und unzulänglich, so muß auch die Staatseinnahmenpolitik unökonomisch und kurzsichtig sein. Man ist nicht mehr frei in der Auswahl der Einnahmequellen, wenn die Zusammensetzung der Ausgaben in einer bestimmten Weise festgelegt ist.

Die längste Zeit stellte man den öffentlichen Bedarf auch ohne sorgsame Berücksichtigung der gesellschaftlich notwendigen Bedürfnisse fest. Man gab sich nicht Rechenschaft darüber, in wie weitem Ausmaß einerseits die Herkunft der Einnahmen die Zusammensetzung der Ausgaben bestimmt und wie sehr andererseits die Zusammensetzung der Ausgaben von Einfluß auf die Verteilung der Steuerlasten, ja auf die Art der Besteuerung überhaupt ist.

I. Steuergerechtigkeit, Steuerüberwälzung und Steuerzweck.

Zwei Grundfragen durchziehen das Ganze der Finanzgeschichte in theoretischer ebenso wie in praktischer Hinsicht: das Problem der Steuergerechtigkeit und das Problem der Steuerüberwälzung. Diese beiden Probleme sind unlösbar, wenn man sie nur von der Seite der Steuereinnahmen her betrachtet. Für sie beide ist die Beurteilung von der Seite der Steuerverwendung entscheidend. Das heißt: sowohl die Gerechtigkeit von Steuern, wie die Grenzen der Überwälzbarkeit von Steuern richten sich vor allem nach der Steuerverwendung. Denn es ist in weitestem Ausmaß die jeweilige Art der Steuerverwendung, die mit größter Eindeutigkeit zum Ausdruck bringt, die Interessen welcher Schichten der Staat in Wirklichkeit aufs nachhaltigste zu begünstigen wünscht, die Interessen welcher Schichten hingegen er beinahe bis zur völligen Preisgabe zurückzudrängen entschlossen ist. Die Frage der Steuerverwendung bildet darum geradezu das Schlüsselproblem der ganzen Finanzwissenschaft.

Was ist der gemeinsame innerste Sinn des Problems der Steuergerechtigkeit, wie des Problems der Steuerüberwälzung, soweit diese beiden Probleme in exaktester sozialer Objektivität und nicht ausschließlich beschreibend behandelt werden? Das Bestreben, die Steuern so zu gestalten, daß sie nicht die Schwächsten am schwersten belasten oder auf die Schultern der Schwächsten abgewälzt werden. Um so mehr, da es gerade das Ergebnis der reinen Beschreibung ist, daß diese Tendenz sich allenthalben beobachten läßt und der Produktivität der Steuerwirtschaft erheblichen Eintrag zu tun geeignet ist. Sollte deshalb der Nachweis möglich sein, daß auch mit den sorgsamst ausgeklügelten Methoden der Steuereinnahmetechnik diese Tendenz nicht wirksam genug bekämpft zu werden vermag, sehr wohl aber durch gründlicheres Studium der Probleme der Steuerverwendung und durch neue Wege zu ihrer Gestaltung im sozial gebotenen Sinn, so wäre dies natürlich von höchster Wichtigkeit.

Und in der Tat können wir konstatieren, daß es zu allen Zeiten die unwirtschaftliche Steuerverwendung war, die das Steuersystem auf das Unheilvollste beeinflußte. Die Finanzgeschichte liefert dafür geradezu erschütterndes Beweismaterial in Hülle und Fülle. Die Finanzwissen=

schaft sann eben stets weit mehr darüber nach, wie der öffentliche Bedarf in zuverlässigster Weise gedeckt zu werden vermag, als daß sie sich mit der Frage beschäftigt hätte, welche Zusammensetzung des öffentlichen Bedarfs den gesellschaftlich notwendigen Bedürfnissen entspricht, in welchem Ausmaß es von der Art der Steuerverwendung abhängt, wie die Steuerzirkulation das Ganze der Wirtschaft bestimmt. Es ist von vornherein klar, daß der reine Macht- und Herrschaftsstaat ein ganz anderes Steuersystem braucht, als der moderne Fürsorge- und Versicherungsstaat, daß der letztere sich nicht mit Modifikationen der traditionellen Finanzpolitik im einzelnen begnügen kann, sondern daß die ganze Methodik, daß die ganze Fundierung seiner Finanzpolitik eine völlig veränderte sein muß.

Die grundlegende Umschichtung in der Zusammensetzung der Ausgaben des Gemeinwesens erfordert eine ebenso grundlegende Umgestaltung seines Steuereinnahmesystems. Es reicht nicht aus, unabhängig voneinander zu untersuchen, welche Einnahmen sich steigern und welche Ausgaben sich vermindern lassen, sondern das eigentliche Problem, das es zu lösen gilt, ist dies: wie ist durch rationellere Gestaltung der Steuerverwendung sowohl die Steuerhöhe und die Verteilung der Steuerbelastung, wie die Steuerzirkulation so zu regeln, daß der Ertrag der öffentlichen Wirtschaft sich nach jeder Richtung hin hebt. Das heißt also: der subtilsten Erforschung des Funktionalzusammenhanges zwischen öffentlichen Einnahmen und öffentlichen Ausgaben gilt es die Hauptaufmerksamkeit zuzuwenden.

Ein Staat zum Beispiel, der mit sozialpolitischen Ausgaben nicht knausert, der sich die Mittel zu beschaffen versteht, um auch sehr umfassenden sozialpolitischen Aufgaben gewachsen zu sein, ist dadurch allein schon davor geschützt, daß die Steuerlasten auf die schwächsten Schultern abgewälzt werden können. Möge dies auch versucht werden, so bewahrt die sozialpolitische Verwendung der Steuereingänge die Schwächsten eben davor, zu den wirklichen Trägern der Steuerlasten zu werden. Das Umgekehrte ist der Fall, wenn mit Hilfe der Steuereingänge die Sonderinteressen bevorzugter Schichten weitgehende Förderung erfahren. Dann mag die Steuerbelastung noch so sozial und gerecht abgestuft sein: was den Mächtigsten mit der einen Hand genommen wird, das gibt man ihnen bei einer derartigen Steuerverwendung, um wesentliche Profite vermehrt, mit der andern Hand wieder. Durch die jeweilige Art der Steuerverwendung werden darum sowohl die Grenzen der Überwälzbarkeit von Steuern am wirksamsten und sichersten abgesteckt, als auch die Steuergerechtigkeit durch sorgsamst nach der Rangordnung der Bedürfnisse durchgegliederte Steuerverwendung am zuverlässigsten gewährleistet wird.

Daraus folgt: Der Zweck in der Steuer ist ebenso eine Fundamentalfrage der Sozialwissenschaft, wie der Zweck im Recht. Das Problem des Steuerzwecks muß geklärt sein, bevor wir eine Entscheidung über die ökonomische Wirkung irgendeiner Steuer treffen können. Staatseinnahmen und Staatsausgaben — das ist nicht die richtige Gegenüberstellung. Vom Steuerzweck gilt es vielmehr auszugehen und diesem die Mittelbeschaffung gegenüberzustellen. Bei richtiger Steuerverwendung kann es sich auch nirgends nur um reine Ausgaben handeln, sondern stets vor allem um Ertrag versprechende Investitionen. Die öffentliche Ausgabe ist Verwendung für die Wirtschaft, selbst dort sogar, wo sie scheinbar nur Verwendung für den Staat ist.

Kommt es aber in erster Linie darauf an, den produktiven Zweck der Ausgaben aufs schärfste zu erfassen, so muß man dementsprechend einsehen, daß die Probleme der Steuereinnahmetechnik nicht das Um und Auf der Finanzwissenschaft ausmachen können. Auch schon weil die Steuerverwendungslehre die Finanzprobleme weitaus enger an die Wirtschaftsprobleme heranbringt, als die übliche Voranstellung der Steuereinnahmenlehre. Einer der wichtigsten Teile der Finanzsoziologie ist darum soziologisch fundierte Steuerverwendungslehre, das heißt die Erforschung der sozialen Bedingtheit der jeweiligen Verwendung der Steuererträge.

Wenn heute zum Beispiel immer wieder „Zwecksteuern" das Wort geredet wird, so hat dies in der Hauptsache darin seinen Grund, daß ein durchgegliedertes System der Steuerverwendung fehlt, so daß man zu Zwecksteuern seine Zuflucht nehmen muß, um durch sie vorzusorgen, daß unbedingt gebotene öffentliche Aufgaben erfüllt werden können, wie immer die Finanzlage des Gemeinwesens im übrigen auch gestaltet sein mag. In einem sorgsam durchgegliederten Steuerverwendungssystem hingegen hat der Gedanke an Zwecksteuern naturgemäß weit weniger Raum.

Von der Beantwortung der Frage, welche Aufgaben das Gemeinwesen zu erfüllen hat, hängt das Ganze der öffentlichen Finanz=

politik am meisten ab. Der Steuerzweck allein kann das ökonomische Leistungsvermögen der Steuermittel in ihrem Endergebnis bestimmen. Überall beobachten wir aber, daß der stillschweigend vorausgesetzte Zweck der öffentlichen Abgaben, nämlich Hebung des Allgemeinwohls, angesichts der historisch verfestigten Klassengliederung gar nicht der tatsächliche Zentralmotor der Steuermaschinerie sein kann. Würde es sich dabei nicht um eine bloße Fiktion, um eine ideologische Verbrämung der den Sonderinteressen bestimmter Klassen dienenden öffentlichen Wirtschaft handeln, der innige Zusammenhang zwischen Steuergerechtigkeit und sozialwirtschaftlicher Produktivität der Steuerverwendung wäre längst erkannt!

II. Das Ganze der Wirtschaft als Synthese von Güterökonomie und Menschenökonomie.

Die Steuern können auch solange nicht als geeignete Mittel zur Hebung der gesellschaftlichen Produktivität der Wirtschaft wirken, als man unter Wirtschaft nur Güterökonomie begreift, ohne sich mit voller Klarheit zu Bewußtsein zu bringen, daß erst Güter- und Menschenökonomie zusammen das Ganze der Wirtschaft ausmachen, daß jedes Wirtschaftsproblem seine menschenökonomische Seite hat, die nicht außer acht gelassen werden darf, sollen wir den Grad der jeweils erreichten gesellschaftlichen Produktivität der Wirtschaft tatsachengemäß einschätzen. Sozialpolitik ist keine ethische Angelegenheit, sondern die ökonomische Berücksichtigung der Amortisation und Erneuerung des Menschenmaterials. Es gilt darum, die Lebens- und Entwicklungsgesetze des organischen Kapitals ebenso sorgsam zu studieren, wie die Zusammensetzung und Funktion des Boden-, Industrie-, Handels- und Finanzkapitals. Aufbau, Umsatz und Zerfall des Menschenmaterials, sie sind mit die wichtigsten Momente im Ganzen der gesellschaftlichen Produktion. Die organische Restitution und die organische Reproduktion, das ist die ausschlaggebende andere Seite der güterökonomischen Produktion[1].

Ihr hat darum auch die Finanzwissenschaft und Finanzpolitik aus-

---

[1] Vgl. hierzu: Rudolf Goldscheid, „Entwicklungswerttheorie, Entwicklungsökonomie, Menschenökonomie. Eine Programmschrift", Leipzig 1908, und „Höherentwicklung und Menschenökonomie. Grundlegung der Sozialbiologie", Leipzig 1911.

reichend gerecht zu werden. In um so höherem Maße, als schon ein alter Gemeinplatz besagt, daß der Mensch das kostbarste Gut des Staates ist — ein Gemeinplatz, den niemand bestreitet, ohne daß daraus jedoch die notwendigen theoretischen und praktischen Konsequenzen in bezug auf die richtige Einschätzung des ökonomischen Wertes des Menschen gezogen werden. Der sittliche Wert des Menschen hängt aber in der Luft, wenn man seinen ökonomischen Wert in der gesellschaftlichen Bilanz nicht in voller Äquivalenz berücksichtigt. Staaten, die wirklich in den Menschen ihr kostbarstes Gut erblicken würden, könnten unmöglich mit dem menschlichen Leben und der menschlichen Gesundheit so verschwenderisch umgehen, wie dies heute noch allenthalben zu beobachten ist. Klagt sich ein Staat nicht selber auf das schärfste an, wenn er, obwohl er die sozialpolitischen Aufgaben als die gerechtfertigsten und notwendigsten anerkennt, sich ihnen trotzdem mit dem Argument zu entziehen sucht, über die hierfür notwendigen Mittel nicht zu verfügen? Gibt damit ein Gemeinwesen nicht zu, daß es nicht verstanden hat, Ordnung in sein Finanzsystem zu bringen? Und müssen dem Gemeinwesen nicht die erforderlichen soliden Grundlagen fehlen, solange man nicht erkennt, daß Sozialpolitik angewandte Menschenökonomie darstellt und als solche die wichtigste Voraussetzung der Steigerung der gesellschaftlichen Produktivität der Wirtschaft, der öffentlichen, ebenso wie der privaten bedeutet, daß die sozialpolitischen Ausgaben darum nicht aus dem Wohlfahrtsfonds, sondern aus dem Betriebsfonds zu bestreiten sind, so daß also jedes Steuersystem als unzulänglich verurteilt werden muß, welches das Gemeinwesen unter sein soziales Existenzminimum herabzudrücken sucht und es ihm dadurch nicht gestattet, die Ausgaben so produktiv zu gestalten, daß seine Steuerforderungen bei gerechter Würdigung als gesellschaftliche Entlastung, statt als gesellschaftliche Belastung empfunden werden.

So hängt also auch die Steuermoral, die Steuerfreudigkeit der Bürger in erster Linie von der Art der Steuerverwendung ab. Wenn jeder Einzelne immer wieder die Erfahrung machen kann, daß, sobald er in unverschuldete Not gerät, das Gemeinwesen ihm helfend zur Seite steht, wenn das Gemeinwesen dazu fähig wird, all das für Gesellschaft und Wirtschaft zu leisten, was nur unter Führung oder mit weitgehender Unterstützung öffentlicher Faktoren bewerkstelligt zu werden vermag, dann ist es natürlich, daß selbst vergleichsweise hohe

Steuern, ja sogar auch manche indirekte Steuern ganz anders beurteilt werden müssen, als starke Steuerbelastung durch ein Gemeinwesen, das infolge seiner ganz willkürlichen Steuerverwendung Tag für Tag aus einer Not in die andere taumelt.

In einer Zeit, wo das Gefüge des Staates von Grund auf im Wandel begriffen ist, wo die Aufgaben des Gemeinwesens sich im stürmischsten Tempo ausweiten, wo es fortgesetzt neue Dienste für die gesellschaftliche Wirtschaft und den gesellschaftlichen Ausgleich zu leisten hat, da kann die Finanztheorie und die Finanzpraxis nicht in den alten Schablonen stecken bleiben wollen, da muß sie so umgeformt werden, daß die öffentliche Wirtschaft überall dort einzugreifen imstande ist, wo die Privatwirtschaft aus Eigenem mehr und mehr versagt oder sogar zu versagen genötigt ist. Das heißt aber: die Finanzwissenschaft muß zum Fundament der gesamten öffentlichen Wirtschaft werden, muß diese so zu gestalten trachten, daß sie sich zu einem immer leistungsfähigeren Kontrollmechanismus der Privatwirtschaft entwickelt.

III. Die wirtschaftliche Tüchtigkeit des armen und des reichen Gemeinwesens.

Und daß dies die brennendste Aufgabe der öffentlichen Wirtschaft ist, stellt nicht etwa bloß ein in der Luft hängendes ethisches Postulat dar, sondern: das von den Triebkräften der Geschichte verursachte stetige und rapide Wachstum der öffentlichen Aufgaben und Ausgaben zwingt dazu, den Problemen der Steuerverwendung die Hauptaufmerksamkeit zuzuwenden. Folgt die Finanzwissenschaft aber diesem unabweisbaren Gebot der Zeit in voller theoretischer Bewußtheit dessen, was alles mit dem Problem der Steuerverwendung zusammenhängt, so muß sie sich in erster Linie die Frage vorlegen: Ist der arme, schwer verschuldete, nur auf dürftige laufende Einnahmen angewiesene Staat oder ist das reiche, Schulden perhorreszierende, auf wachsendes öffentliches Eigentum hinarbeitende Gemeinwesen die Voraussetzung gesteigerte Produktivität verbürgender Volkswirtschaft?

Kann es zweifelhaft sein, daß wir uns im Interesse der möglichst gesicherten Wohlfahrt aller Bürger, ja selbst zur Förderung der Konkurrenzfähigkeit der Privatwirtschaft auf dem Weltmarkt für das besitzkräftige, nicht ganz und gar dem Privatkapital hörige Gemeinwesen entscheiden müssen?

Es ist auch eine Folge der viel zu wenig durchdachten und durchgebildeten Steuerverwendungslehre, daß beinahe noch allenthalben die traditionelle Auffassung als unantastbares Dogma gilt, laufende Einnahmen dürften überhaupt nicht oder höchstens nur in Ausnahmefällen für öffentliche Kapitalbildung verwertet werden.

Es wäre natürlich eine Oberflächlichkeit schlimmster Art, die hier geforderte Steuerverwendungslehre so begreifen zu wollen, als handle es sich in ihr nur darum, den Mißbrauch, die leichtfertige Verschwendung von Steuergeldern oder gar deren Unterschlagung durch Zuführung an rein parteipolitische Zwecke zu brandmarken. Nein, was hier vertreten wird, ist ein rein prinzipieller Standpunkt, der für die Finanz- und Wirtschaftstheorie ebenso grundlegend ist, wie für die Finanz- und Wirtschaftspraxis, nämlich die Überzeugung, daß von der Rolle, die man dem Problem der Steuerverwendung zuschreibt, nicht nur die jeweils ohne Schädigung der Gesamtwirtschaft erreichbare Höhe der Steuereinnahmen, sondern ebenso alle Einzelheiten der Steuerzirkulation und Steuerproduktivität ausschlaggebend bestimmt werden, daß bei systematischer Durchbildung und bewußter Voranstellung der Steuerverwendungslehre das grundsätzlich arme, ja bis über die Ohren verschuldete Gemeinwesen sich als das Grundübel der gesamten heutigen Wirtschaft erweist.

Die wahre Produktivität der Privatwirtschaft hängt gegenwärtig in höherem Maße als je zuvor von der Produktivität der öffentlichen Wirtschaft ab. In einer notleidenden öffentlichen Wirtschaft muß zwangsläufig auch die Privatwirtschaft pathologisch entarten, zu einem immer größeren Mißverhältnis zwischen Menschen- und Güterökonomie führen. Es ist die Folge der durch falsche Steuerverwendung von tausend Nöten zermürbten öffentlichen Wirtschaft, wenn es zwischen öffentlicher und Privatwirtschaft zu stets erbitterteren Kämpfen kommt, wenn die Finanzpraxis so gestaltet sein muß, daß sie die Sonderinteressenpolitik auf Kosten der Sozialpolitik zu begünstigen gezwungen ist.

Es liegt gleichfalls an dem dilettantischen Zustand, in dem die Steuerverwendungslehre sich noch immer befindet, wenn die Finanzwissenschaft sich weit mehr mit dem Problem des öffentlichen Kredits als mit dem Problem des öffentlichen Eigentums beschäftigt. Die

Finanzwissenschaft als Lehre vom öffentlichen Eigentum — wo sind dazu auch nur Ansätze vorhanden, trotzdem doch jeder Tag von neuem die große Bedeutung des öffentlichen Eigentums gerade für den öffentlichen Kredit zeigt, was ganz besonders für die Erfahrungen an der Kommunalwirtschaft gilt, aus denen mit größter Deutlichkeit hervorgeht, von wie grundlegender Bedeutung der Umfang und die Art des öffentlichen Eigentums für die Solidität der öffentlichen Wirtschaft, für ihr Leistungsvermögen und für die Vertrauenswürdigkeit ist, die sie auf dem Weltmarkt genießt.

Und machen wir uns auch dies vollkommen klar: Das Gemeinwesen wird automatisch zum Träger ins Ungemessene wachsender Schulden, wenn man es nicht zum Träger öffentlichen Eigentums fortentwickelt. Bisher galt es trotz alledem als selbstverständlich, daß das erstere als der natürliche und wünschenswerte Zustand zu betrachten ist. Ist diese traditionelle Auffassung aber mit irgendeiner Erfahrung der Finanzgeschichte vereinbar? Erleben wir es nicht von Tag zu Tag deutlicher, wohin die fortgesetzte Schuldenwirtschaft führt, daß sie einen Zustand geschaffen hat, wo an nichts weniger gezweifelt wird, als daran, daß der Staat seinem innersten Wesen nach unfähig ist, zu wirtschaften? Kann es jedoch ein niederschlagenderes Vernichtungsurteil über die herkömmliche Finanzpolitik geben, als diese allgemeine Verachtung des sonst so verherrlichten Staates gerade dort, wo es sich um seine fundamentalen Aufgaben handelt?

Man versteht da übrigens etwas unter dem Begriff Staat, was längst nicht mehr mit dem unendlich durchgegliederten Gebilde übereinstimmt, das uns heute in der lebendigen Wirklichkeit als Staat entgegentritt. Der Staat der Gegenwart ist ein vielfältig durchdifferenziertes System von Einzelländern, Städten, Gemeinden und öffentlich-rechtlichen Körperschaften und so also bei richtiger Erfassung das organisierte Gemeinwesen, das wirtschaften können muß, sollen Gesellschaft und Wirtschaft nicht zu einem Chaos werden. Je besser das organisierte Gemeinwesen arbeitet und wirtschaftet, auf je solideren Grundlagen sein Haushalt sich in allen seinen Gliedern aufbaut, desto größer wird das wirtschaftliche und kulturelle Leistungsvermögen jedes einzelnen Unternehmens und jedes einzelnen Menschen, desto stabiler werden die gesellschaftlichen Wirtschaftsverhältnisse, desto mehr wächst die in gesicherter Konsumtionskraft aller Bürger verwurzelte Produktivität der gesellschaftlichen Arbeit. Bewahren doch richtig verwendete Steuern den Bürger nicht nur vor pathologischem Steuerdruck, sondern sie sind es auch, die die Stärkung des inneren Marktes verbürgen!

Privates Sparen nützt gar nichts, wenn die Steuerpolitik nicht das richtige öffentliche Sparen organisiert, was in um so höherem Maße gilt, wenn privates Sparen auf Kosten des vorzeitigen Verbrauchs des organischen Kapitals vor sich geht. Organisch gilt es zu kapitalisieren, soll die Urquelle allen Wertes, der gesunde tüchtige, schaffensfreudige Mensch, uns in immer höherem Maße bereichern.

Und ebenso haben wir der öffentlichen Kapitalakkumulation zum mindesten die gleiche Aufmerksamkeit zuzuwenden, wie der privaten Kapitalakkumulation. Denn so viel ist unbedingt sicher: die Zukunft gehört der sozial und international organisierten Wirtschaft und diese kann sich nur voll entfalten, wenn die Finanzwissenschaft als Lehre vom öffentlichen Eigentum mit allen Kräften bemüht ist, die öffentliche Kapitalakkumulation zu fördern und durch diese das organische Kapital davor zu bewahren, vorzeitig verbraucht zu werden.

Jedenfalls müssen wir uns darüber klar sein: Alles, was gegen das Privateigentum geschieht, muß für das öffentliche Eigentum geschehen. Sonst untergraben wir sowohl die private wie die öffentliche Wirtschaft und alle Bemühungen um einen gesunden Haushalt des Gemeinwesens sind vergebens.

Der Staat kann nicht viel anders sein, als sein Haushalt beschaffen ist. Der öffentliche Haushalt bringt das von aller ideologischen Verbrämung entkleidete Gerippe des Staates ans Licht. Der Staatshaushaltplan stellt darum die wirtschaftliche Verfassungsgrundlage des Staates dar. Was für das 19. Jahrhundert Verfassungsreform bedeutete, das bedeutet für unsere Zeit Staatshaushaltsreform an Haupt und Gliedern. Denn auch die viel beklagte Krise des Parlamentarismus ist nichts anderes, als das Produkt der pathologischen Zusammensetzung des öffentlichen Haushalts, was schon durch die von der ganzen Finanzgeschichte bewiesenen engen Zusammenhänge zwischen der Entwicklung der öffentlichen Finanzen und der Entwicklung der Demokratie eindeutig offenbart wird.

Wir müssen der Entstehung der öffentlichen Ausgaben nachgehen, um über die Kausalität des Gefüges der öffentlichen Einnahmen, über ihre Höhe und den Grad ihrer Produktivität Klarheit zu gewinnen. Ebenso ist die Entstehung der Staatsausgaben, die jeweilige soziale Bedingtheit der Art der Steuerverwendung in den Mittelpunkt zu stellen, soll das Verschuldungsproblem, wie auch das Steuerüberwälzungsproblem in volles Licht rücken, sollen wir erkennen, in welchem Maße wir zu Schulden unsere Zuflucht nehmen müssen, um überhaupt irgendein Gleichgewicht im Budget herstellen zu können; und ganz besonders hängt die Gesetzlichkeit, in der sich die innere Verschuldung in äußere Verschuldung, ja in Versklavung an das Ausland umwandelt, von den Entstehungsursachen der öffentlichen Ausgaben, wie davon ab, welche Steuerverwendung man anstrebt, resp. zu welcher Steuerverwendung ein Staat durch die Klassengliederung und durch die Konfiguration der Klasseninteressen gezwungen ist.

Es ist durchaus kein Zufall, wenn es mit dem öffentlichen Haushalt modern geleiteter Städte wesentlich weniger schlimm bestellt ist, als mit den Finanzen der auf ihre gesellschaftlichen Leistungen so überaus stolzen Großstaaten, ja daß, wo auch die Städte an ähnlichen sozialen Übeln leiden wie diese, es eben der Machtstaat ist, der sie in seine Krisen immer wieder mit hineinzerrt. In den Städten hat alle höhere menschliche Kultur ihre Wiege, während sie allzuoft gerade im Staat bloß ihren Sarg fand. Das kommt daher, weil die Stadt ein Gemeinwesen darstellt, das, soweit dies innerhalb eines in erster Linie auf Machtzwecke ausgehenden Staatsverbandes möglich war, von jeher Fürsorgeaufgaben viel größere Aufmerksamkeit zuwendete und damit von bornherein ein weit natürlicher zusammengesetztes Budget hatte. Dazu tritt aber als weiteres sehr wesentliches Moment noch hinzu, daß bei den Städten und Gemeinden der Eigenbesitz kontinuierlich eine viel stärkere Rolle spielte als beim Staat, daß er sich bei ihnen in den letzten Jahrzehnten sogar sehr erheblich erweiterte. Aus den Beobachtungen an den Städten und ihrer Steuerverwendung vor allem hat die Finanzwissenschaft zu lernen, um zu erkennen, wo der Weg ins Freie führt.

IV. Die Erfahrungen an der Finanzpolitik der Gemeinde Wien als Beweis für die Bedeutung der Finanzsoziologie.

Die Richtigkeit dieser Auffassung beweisen am schlagendsten die überraschenden Erfolge der neuen Finanzpolitik der Gemeinde Wien, die entschlossen die Bahnen beschritt, die ich bereits anfangs 1917 in meinem Buch „Staatssozialismus oder Staatskapitalismus. Ein finanzsoziologischer Beitrag zur Lösung des Staatsschuldenproblems" wies. In meiner im „Handbuch der Finanzwissenschaft" 1925 erschienenen Abhandlung „Staat, öffentlicher Haushalt und Gesellschaft" habe ich dann auf Grund der Erfahrungen der Finanzpolitik der Gemeinde Wien, an ihrer hohen wirtschaftlichen und kulturorganisatorischen Leistungsfähigkeit trotz vollkommener Schuldenfreiheit gezeigt, wie weitaus günstiger die Lage eines Gemeinwesens ist, das auf öffentlichem Eigentum, statt auf öffentlichen Schulden aufgebaut ist, das infolgedessen nicht von der Hand in den Mund zu leben genötigt ist, das, indem es immer reicher zu werden strebt, überall einzugreifen imstande ist, wo seine Hilfe gebraucht wird, das durch seinen wachsenden Eigenbesitz immer freier in seiner Finanzgebarung wird, das, wenn es Kredit wünscht, sich diesen angesichts seiner unzweifelhaften kaufmännischen Solidität und wirtschaftlichen Aktivität zu den günstigsten Bedingungen verschaffen kann, ja, je weniger es Kredit zu erbetteln gezwungen ist, desto mehr zum Kreditgeber an alle Bedürftigen aufzusteigen vermag, daß es durch seine fortschreitende Unabhängigkeit vom Privatkapital davon erlöst wird, sich seine Aufgaben und Methoden einzig und allein von diesem vorschreiben lassen zu müssen, daß es das Privatkapital vielmehr an seinem Gedeihen immer stärker mitinteressiert, daß es schließlich in der Art einer umfassenden sozialen Spar- und Versicherungskasse funktioniert, in der sich die Steuern, wenn sie auch zwangsmäßige Abgaben bleiben, wie Einlagen in einem Musterinstitut mit dem höchsten Nutzertrag verzinsen. Obendrein in weithin sichtbaren konkreten volksfördernden Schöpfungen und Einrichtungen, in großzügigem sozialen Wohnbau, in umfassendster sozialer Fürsorge, in mannigfachen anderen gesellschaftlichen Meliorationsunternehmungen, die eine vorher nie in gleichem Maße beobachtete Senkung der Mortalität und Morbidität der Bevölkerung zur Folge haben.

Die Erfahrungen an der Finanzpolitik der Gemeinde Wien.

An den aus der neuen Finanzpolitik der Gemeinde Wien erwachsenden Leistungen, die — bei allen Härten und Mängeln im einzelnen — auf güterökonomischem Gebiet nicht minder imponierend und vorbildlich sind, wie in bezug auf das gewaltige menschenökonomische Aufbauwerk, kann man sehen, wie sehr die Tatsachen die Grundthese der von mir begründeten Finanzsoziologie bestätigen, die dahin lautet, daß die öffentlichen Finanzen den treibenden Motor der gesamten gesellschaftlichen Entwicklung darstellen, daß es die Zusammensetzung des öffentlichen Haushaltes ist, die sowohl über die Güterökonomie wie über die Menschenökonomie eines Zeitalters entscheidet. All das konnte freilich hier nur kurz angedeutet werden; der genauere Nachweis findet sich in meiner vorhin genannten Abhandlung, in der ich übrigens auch betonte, wie sehr die Stärke des alten Preußen darauf beruhte, daß es über vergleichsweise großes öffentliches Eigentum verfügte.

Hier will ich auf die Einzelheiten nicht näher eingehen, um bei der Voranstellung der theoretischen Gesichtspunkte zu bleiben. In diesem Sinne betone ich nochmals: Nur weil die Steuerverwendung so beschämend zurückgeblieben ist, nur weil man infolgedessen auch der Entstehung der Ausgaben so wenig Aufmerksamkeit zuwendete, wurden uns die Fortschritte der Steuereinnahmetechnik weit mehr zum Unheil als zum Motor des Aufstiegs. Denn was nützt selbst die gesichertste Reproduktion der Einnahmen, wenn die Ausgaben sich in weit stürmischerem Tempo reproduzieren? In dem Fehlen einer finanzsoziologisch wie menschenökonomisch gleich exakt durchgearbeiteten Steuerverwendungslehre liegt übrigens auch der wesentlichste Grund für die Abneigung, das Besitzsteuersystem ebenso sorgsam bis in die feinsten Details auszugestalten, wie alle anderen Steuerarten, es als wichtigstes Glied in das Ganze der Steuereinnahmenlehre einzuordnen.

Und wie ungeheuer ließe sich das so unendlich komplizierte Steuersystem bei sorgsam differenzierter Steuerverwendungslehre vereinfachen und auf diese Weise im Verlauf der Steuerstaat sogar überhaupt allmählich abbauen! Denn Steuern, Zölle, Anleihen und Erträge aus öffentlichen Unternehmungen, das sind die vier Hauptquellen, aus denen die Einnahmen des Staates fließen. Man sollte deshalb meinen, daß sich die Finanzwissenschaft in erster Linie damit beschäftigt, die Kommunikationsgesetze dieser vier Hauptquellen zu erforschen, unter besonderer Berücksichtigung der Frage, bei welchen gesellschaftlichen

Verhältnissen und bei welcher Art der Steuerverwendung die eine oder die andere stärker in Anspruch genommen werden muß, bei welcher Verteilung ihrer Inanspruchnahme das Maximum sozialer Ergiebigkeit zu erwarten ist. Untersuchungen dieser Art, das heißt sorgsamste Vergleichung der Steuerquellen und der Volkswohlfahrts= quellen einerseits, wie ihrer beiderseitigen Entwicklung durch die Art der Steuerverwendung anderseits findet man jedoch nur äußerst selten und schon deshalb ist es keineswegs verwunderlich, daß die berühmte „Schraube ohne Ende", die die unseligste Konstruk= tion der mittelalterlich zurückgebliebenen Finanztechnik darstellt und mit ihr der ödeste Fiskalismus zum Verhängnis der Völker dauernd in Funktion bleibt und immer wieder den verderblichen Kreis= lauf von Qualitätsverschlechterung, Preissteigerung und Quantitäts= verminderung in Gang setzt.

V. Die Entstehung der öffentlichen Ausgaben.

Zusammenfassend möchte ich daher in Anlehnung an meine Abhand= lung im „Handbuch der Finanzwissenschaft" hervorheben: Die üblichen oberflächlichen Einteilungsschemata a) Ausgaben, b) Einnahmen, c) Staatsschulden führen zu gar nichts, wenn man das Gefüge ihres Funktionalzusammenhanges nicht auf das genaueste aufdeckt und in seiner gesellschaftlichen und klassenmäßigen, das heißt aber zugleich in seiner weltwirtschaftlichen und weltpolitischen Bedingtheit zur Darstellung bringt. Das erste Kapitel jedes Lehrbuches der Finanz= wissenschaft hätte zu lauten: Die Entstehung der öffentlichen Ausgaben, namentlich der unbedeckbaren. Und diese hätte man aus der gesellschaftlichen Lage, aus dem Verhältnis zwischen Besitzen= den und Besitzlosen, aus der Verknüpftheit der innen= und außenpoliti= schen Konstellation abzuleiten. Erst wenn solcherart Klarheit über die Kausalität der Ausgaben geschaffen ist, wäre im weiteren Verlauf unter Berücksichtigung des Unterschiedes zwischen öffentlichem und gesell= schaftlichem Bedarf darzulegen, auf welche Einnahmequellen ein Ge= meinwesen, je nach der Herkunft und Zusammensetzung seiner Aus= gaben, je nach den Aufgaben, die es sich stellt, je nach der Steuerverwendung also, für die es sich einsetzt, angewiesen ist. Hierauf müßte der Grad der gesellschaftlichen Ergiebigkeit der verschiedenen Einnahmequellen, je nach ihrem Ursprung und je nach ihrer Verwendung und die Gesetze der Zirkulation der Steuererträge in ihrer Abhängigkeit von den gesellschaftlichen Verhältnissen untersucht werden. Im Anschluß hieran gälte es, das Problem zu behandeln, unter welchen Umständen und in welchem Ausmaß die Disproportion von Ausgaben und Einnahmen, die Diskrepanz von öffentlichem Bedarf und gesellschaftlichen Bedürfnissen, die Pathologie der Steuerverwendung also, zur Aufnahme öffentlicher Schulden in immer größerer Höhe zwingt, inwieweit und aus welchen Gründen man zur Bevorzugung von Anleihen für unproduktive oder für produktive Zwecke neigt, welche Folgen für das Finanzwesen rapid zunehmende Verschuldung für unproduktive Zwecke notwendig zeitigt, in welcher Weise, in welchem Tempo und mit welchen Wirkungen für Staat und Gesellschaft innere Verschuldung sich zwangsläufig in äußere Verschuldung umwandelt. Und zu gipfeln hätte schließlich das ganze theoretische Gebäude der Finanzwissenschaft in der Erforschung der Beziehungen zwischen Nationalvermögen und Nationalschuld, zwischen Privateigentum und öffentlichem Eigentum, in der Gegenüberstellung der notwendigen gesellschaftlichen Struktur und Funktion des verschuldeten Steuerstaates und des wirtschaftlichen Besitzstaates, des expropriierten Machtstaates und des repropriierten Fürsorgestaates.

Nur so könnte das Netz der funktionellen wirtschaftlichen und sozialen Abhängigkeiten in seinen Grundverknüpfungen offenbart werden, nur so würde ersichtlich, welche die von der Klassenschichtung und von den Klasseninteressen unabhängigen Gesetze der Gesellschafts-, Wirtschafts-, Währungs- und Finanzentwicklung sind. Das heißt aber: nur so würde klar, wie Steuerverwendung und Interessenpolitik miteinander zusammenhängen, in welchem Ausmaße richtig verwendete Steuern wahre Steuergerechtigkeit garantieren, Überwälzung der Hauptsteuerlast auf die Bedürftigsten verhindern, die öffentlichen Einnahmen der Steigerung der gesellschaftlichen Produktivität, der Stärkung und Konsolidierung der gesamten Wirtschaft zuführen, nicht länger Güterökonomie und Menschenökonomie in schärfsten Gegensatz bringen. Denn darüber dürfen wir uns keiner Täuschung hingeben: die Steuerverwendung entscheidet darüber, ob die Finanzpolitik das öffentlich-rechtliche Fundament der kapitalistischen Ausbeutung bildet, ob — statt des Gemeinwohls — die Bereicherung der als Staat im

Staate wirkenden bevorrechteten Klassen das eigentliche Ergebnis des gesamten so überaus komplizierten Steuersystems darstellt.

VI. Der Wandel in der sozialen Funktion der Steuern.

Aus der Summe der privatwirtschaftlichen Betätigung in einem Lande, aus ihrem Ineinander und Gegeneinander wird erst durch die regelnden Einflüsse des Gemeinwesens das, was man im Unterschiede von der rein individualistischen Privatwirtschaft als Volkswirtschaft zu bezeichnen berechtigt ist. Es ist also die Gesetzgebung und soziale Verwaltung, durch die die Volkswirtschaft im eigentlichen Sinne des Wortes geschaffen wird. Die zwei Grundfaktoren im Wirtschaftsrecht sind nun die steuerpolitischen und sozialpolitischen Gesetze. Durch sie wird innerhalb der Volkswirtschaft als Ganzem das jeweilige Verhältnis von privater und öffentlicher Wirtschaft bestimmt. Das heißt aber: wir haben nicht nur Privatwirtschaft und Volkswirtschaft, sondern ebenso Privatwirtschaft und öffentliche Wirtschaft auf das genaueste auseinander zu halten, dürfen nicht den Fehler begehen, öffentliche Wirtschaft und Volkswirtschaft einfach zu identifizieren.

Von der Art wie die öffentliche Wirtschaft gestaltet ist und wie sie funktioniert, hängt es ab, in welcher Weise und in welchem Ausmaß das Gemeinwesen und seine Verwaltung befähigt ist, die bunte Mannigfaltigkeit der Einzelwirtschaften zu einheitlicher Volkswirtschaft zusammenzufassen. Mit anderen Worten: der öffentliche Haushalt ist im Guten wie im Bösen die eigentliche Armatur der Gesamtwirtschaft. Und zwar nicht nur insoweit seine Einnahmenseite in Betracht kommt, sondern ebenso sehr, soweit es sich um seine Ausgabenseite handelt. Auch ohne Vergesellschaftung der Produktionsmittel leben wir in Gemeinwirtschaft. Das war ebenso im Feudalstaat der Fall, wie es im heutigen kapitalistischen Staat der Fall ist. Nur daß es eben Gemeinwirtschaften der verschiedensten Art gibt, solche, wo die Interessen kleiner bevorrechteter Minoritäten besonders bevorzugt werden und solche, wo die Lebensnotwendigkeiten sämtlicher Bevölkerungsschichten gleichmäßige Berücksichtigung erfahren. Jedenfalls richtet sich aber stets das Ganze der Wirtschaft im Großen, wie in jeder Einzelheit nach der Zusammensetzung dessen, was sich als öffentlicher Bedarf Anerkennung erzwingt. Der Wandel in der Zusammensetzung des öffentlichen Bedarfs ist nun das charakteristischste Mo=

ment der Gegenwart. In immer höherem Maße gewinnt das Volk in den führenden Kulturstaaten Einfluß auf die Zusammensetzung des öffentlichen Bedarfs, mehr und mehr beginnt der öffentliche Bedarf im Sinne der gesellschaftlich notwendigen Bedürfnisse bestimmt zu werden, wodurch er eine außerordentliche Ausweitung erhält, zu einem täglich ausschlaggebenderen Faktor in bezug auf die Zusammensetzung der gesellschaftlichen Kaufkraft wird. Das bedeutet aber zugleich: die sozialpolitische Gesetzgebung, ursprünglich ein relativ untergeordnetes Moment im Wirtschaftsrecht, steigt allmählich zum eigentlichen Motor der steuerlichen Gesetzgebung auf. Was wir auch so ausdrücken können, daß wir sagen: die soziale Funktion der Steuern ist heute in grundstürzender Veränderung begriffen. Mit der Veränderung der sozialen Funktion der öffentlichen Abgaben und Ausgaben muß sich deshalb auch das Ganze der Finanzwissenschaft und Finanztechnik grundlegend wandeln, und zwar sowohl was ihre Problematik, wie was ihre Methodik anlangt. Durchweg drängt jetzt alles darauf hin, daß sich der Schwerpunkt in der Richtung auf die Erforschung des Problems der Steuerverwendung hin verschiebt.

Wie will man beurteilen, ob ein Steuersystem gerecht, ja auch nur ob es rationell oder produktiv ist, wie will man feststellen, ob Übersteuerung vorliegt oder nicht, wenn man nicht von kritischer Analyse der Steuerverwendung seinen Ausgang nimmt? Kann die Bevölkerung bei richtiger Verwendung der öffentlichen Einnahmen, bei ökonomischer Verwaltung des öffentlichen Besitzes an der Bereicherung des Gemeinwesens verarmen? Anderseits, muß nicht jedes Steuersystem notwendig ungerecht, unrationell, unproduktiv werden und bedeutet nicht jede Besteuerung Übersteuerung, sobald ein Gemeinwesen von seinen Einnahmen einen schlechten Gebrauch macht, sie nicht den sozial am dringendsten gebotenen Zwecken zuführt oder sie sogar sinnlos verschleudert?

Die Voraussetzung des Rechts auf Besteuerung, wie des Sinnes von Besteuerung überhaupt ist also das Vertrauen in die wirtschaftliche Tüchtigkeit des Gemeinwesens. Man kann deshalb die wirtschaftliche Vertrauenswürdigkeit des Gemeinwesens nicht gleichzeitig bejahen und verneinen. Gerade dieser prinzipielle Widerspruch liegt aber der heutigen Finanztheorie ebenso zugrunde wie der heutigen Finanzpraxis. Oder will man etwa, um sich dieses Widerspruchs nicht

schuldig zu machen, zwischen der wirtschaftlichen Vertrauens=
würdigkeit und der wirtschaftlichen Tüchtigkeit des Gemein=
wesens unterscheiden und dementsprechend die wirtschaftliche Ver=
trauenswürdigkeit des Gemeinwesens bejahen, dessen wirtschaftliche
Tüchtigkeit hingegen verneinen? Das wäre jedenfalls nur ein
schnödes Spiel mit Worten! Denn wie kann man einem Gemein=
wesen wirtschaftliches Vertrauen entgegenbringen, von dem man
überzeugt ist, daß es in seiner unabänderlichen Natur be=
gründet liegt, nicht wirtschaften zu können? Wollte man aber
damit nur zum Ausdruck bringen, daß das Gemeinwesen unfähig
ist, eigene Unternehmungen ebenso produktiv zu verwalten und
zu gestalten wie die Privatwirtschaft, so bliebe — ganz ab=
gesehen von der Fragwürdigkeit einer derartigen An=
nahme — selbst von diesem Standpunkt aus die richtige Steuer=
verwendung noch immer das Zentralproblem der gesamten Finanz=
politik. Vermag sich doch erst in der Steuerverwendung der end=
gültige Nutzeffekt der öffentlichen Einnahmen auszuwirken!

Aus den öffentlichen Einnahmen werden die Grunderfordernisse des
Gemeinwesens gedeckt, die unmittelbaren Staatsnotwendigkeiten
ebenso wie die Volksnotwendigkeiten. Je nach dem wie sich jeweils
im öffentlichen Haushalt die Staatsnotwendigkeiten und Volksnot=
wendigkeiten wechselseitig fördern oder hemmen, davon hängt es ab,
ob das Gemeinwesen imstande ist, die Klassengegensätze mehr und
mehr auszugleichen oder ob es sie kontinuierlich zu verschärfen ge=
zwungen ist.

Und auch in dieser Beziehung wird das Entscheidende durch die
Steuerverwendung geleistet. Richtige Steuerverwendung ist
sicherlich der stärkste und zuverlässigste Damm gegen ein=
seitige Interessenpolitik. Dies trifft in so hohem Maße zu, daß
selbst sehr willkürliche, ja ganz und gar ungerechte Steuereinnahme=
politik im weitesten Umfang durch richtige soziale Steuerverwendung
kompensiert zu werden vermag, während umgekehrt auch die gerechteste
Steuereinnahmepolitik durch eine unsoziale, klassenmäßig einseitige
Steuerverwendung völlig illusorisch gemacht wird.

Wofür das Gemeinwesen ausreichende Mittel haben muß, um seine
sozialen Aufgaben mit dem größten Nutzeffekt erfüllen zu können,
diese Frage wird aber namentlich in der neueren Finanzwissenschaft
stets nur ganz nebenbei behandelt. So kam es, daß das Wachstum der

öffentlichen Ausgaben sich beinahe wie ein Naturprozeß vollzogen hat. Die Entwicklung der Technik der öffentlichen Einnahmen folgte diesem mehr oder weniger auf dem Wege der Zwangsanpassung. Und die Finanzwissenschaft erschöpfte sich beinahe ganz in der Beschreibung oder bestenfalls kritischen Vergleichung der verschiedenen Arten dieser Zwangsanpassung. Damit hinkte sie aber hinter den Ereignissen her, statt theoretische Grundlagen zu geben, die es gestattet hätten, den öffentlichen Haushalt im Sinne der Erfordernisse der gesellschaftlichen Höherentwicklung — soweit dies dem menschlichen Können überhaupt zugänglich ist — auf lange Zeit planmäßig im voraus festzulegen.

Innerhalb des Bestehenden hingegen leben alle Staaten in der Hauptsache von der Hand in den Mund, sind sie nirgends so unfrei als gerade in ihrer Finanzpolitik, bei der es am meisten auf möglichst breiten freien Spielraum und auf möglichst weite klare Voraussicht für den öffentlichen Willen ankommt, soll das Gemeinwesen seinen Bürgern das Maximum von Freiheit und Wohlstand gewähren können. Je knapper die Mittel des Gemeinwesens sind, zu einer desto unproduktiveren Steuerpolitik, zu einer desto unproduktiveren Sozialpolitik ist es genötigt, desto weniger vermag es die Wirtschaft zu fördern und desto stärker muß es sie deshalb auszupressen suchen. Das Getriebe der Wirtschaft wird immer komplizierter, ihre internationale Verflechtung immer dichter; das hat zur unvermeidlichen Folge, daß die einzelnen Unternehmungen, ja selbst die einzelnen Wirtschaftszweige sich immer weniger der im raschen Wandel begriffenen Gesamtlage aus Eigenem anzupassen vermögen. Damit dehnen sich aber die Aufgaben des Gemeinwesens ins Ungemessene. Das auf zu knappe Einkünfte beschränkte Gemeinwesen muß so mit seinen unentbehrlichen Hilfsmaßnahmen hinter den brennendsten Erfordernissen stets weit zurückbleiben, das heißt, es kann alle Übel nur in ihren Wirkungen, nie bereits in ihren Ursachen bekämpfen, was dann naturgemäß wesentlich teurer zu stehen kommt, ja sehr häufig unerschwingliche Mittel beansprucht. Die chronische Notlage der Staaten, ebenso wie der Länder, Städte und Gemeinden ist so keine unabänderliche aus der Natur der Dinge erwachsende Unzulänglichkeit des Gemeinwesens, sondern in sehr weitem Umfang in erster Linie das Produkt der Rückständigkeit und Kurzsichtigkeit unserer finanzwissenschaftlichen Auffassungen und Methoden.

VII. Die Steuerverwendungslehre und das Problem des Staates.

Die Staaten fallen kontinuierlich aus einer Verlegenheit in die andere, weil sie sich zu sehr von den Verhältnissen treiben lassen, weil sie sich vielfach selbst zu den allerbrennendsten Ausgaben erst entschließen, wenn deren Nichterfüllung Katastrophen heraufzubeschwören droht, wo dann gewöhnlich auch ihre Bedeckung nicht mehr nach rationellen Prinzipien, sondern bloß noch auf dem zufälligen Weg des augenblicklich geringsten Widerstandes erfolgen kann. Die beschreibende und vergleichende Finanzwirtschaft wird auf diese Weise nur allzu oft zu nichts anderem, als zu einer Geschichte der finanziellen Zwangslagen, ja zu einer Geschichte der finanzpolitischen Fehler und Katastrophen und zur Darstellung der verschiedenen Methoden, sich recht und schlecht aus den nicht rechtzeitig verhinderten Katastrophen wieder heraus zu ziehen.

Auf einer solchen Grundlage läßt sich natürlich unmöglich eine einheitliche exakte Finanztheorie aufbauen. Zu dieser Beziehung hat uns namentlich der Weltkrieg und die grauenhafte Verwirrung und Not, die ihm folgte, einen praktischen Anschauungsunterricht erteilt, der an Eindringlichkeit kaum überboten werden kann. Es ist darum auch alles eher als verwunderlich, wenn die Finanztheorien, wenn die Finanzdiagnosen und Finanzprognosen stets von neuem in der Wirklichkeit jämmerlich Schiffbruch litten, namentlich in bewegten Zeiten und wenn infolgedessen die Praktiker völlig unbekümmert um die Finanzwissenschaft, ja zumeist ihr mit größter Geringschätzung gegenüberstehend, sich mittels bloßer Routine und nicht selten sogar ganz und gar dilettantisch mit der Not des Augenblicks abzufinden suchten.

Das kann erst anders werden, wenn die Finanzwissenschaft auf dem Fundament der Soziologie errichtet wird, nicht nur den Entstehungsgründen der sozialen Not im allgemeinen nachgeht, sondern ihre besondere Aufmerksamkeit den Ursachen der Finanznöte der Staaten zuwendet, deren ganze Mannigfaltigkeit aufzeigt, sie in ihrer klassenmäßigen Bedingtheit darlegt, Klarheit darüber verbreitet, wie verschieden die soziale Funktion der Steuern je nach den verschiedenen gesellschaftlichen Verhältnissen ist, wie je nachdem, wem die öffentlichen Einnahmen zugute kommen sollen und welcher Verwendung sie zugeführt werden, die Zweckmäßigkeit und Produktivität der öffentlichen Abgaben und Ausgaben ganz verschieden beurteilt werden muß.

Wird hier also verlangt, daß die Verwendung der öffentlichen Einnahmen in den Mittelpunkt der Finanzwissenschaft gerückt werde, so bedeutet dies nicht nur etwa, die Forderung zu erwägen, welches die richtigste Steuerverwendung sei — von so großer Relevanz freilich auch dieses Problem ist — sondern vor allem dies, sich die tiefgreifenden sozialen Wirkungen der jeweiligen Verwendung der öffentlichen Einnahmen mit voller Schärfe zum Bewußtsein zu bringen, sich unausgesetzt vor Augen zu halten, daß das Ganze, wie jede Einzelheit der Finanzpolitik und des Steuersystems, daß die gesamte Zusammensetzung des öffentlichen Haushalts überhaupt die entscheidende Gestaltung empfängt von der Steuerverwendung, die bewußt oder unbewußt, freiwillig oder unter dem Zwang der Tatsachen angestrebt resp. durchgeführt wird.

Von der Steuerverwendung hängt es ab, welche Steuerarten man begünstigt, in welchen Bevölkerungsschichten sich Steuerfreudigkeit oder Steuerscheu geltend macht, in welchen Proportionen man den öffentlichen Bedarf durch direkte oder indirekte Steuern einerseits, durch Zölle, Anleihen oder sonstige Schuldenaufnahmen andererseits deckt, ob man es vorzieht, die gegenwärtige Generation zugunsten der künftigen zu belasten oder sie umgekehrt auf deren Kosten zu entlasten, in welchem Maße man den öffentlichen Bedarf im Sinne der gesellschaftlich notwendigen Bedürfnisse zu erweitern sucht und ganz besonders, ob man auf ein reiches, kapitalkräftiges, zu stets höherem Leistungsvermögen aufsteigendes Gemeinwesen hinarbeitet oder einen sich mühsam fortfristenden, in Schulden erstickenden Staat vorzieht, der schon infolge seiner Armut vor jeder Gebepflicht bewahrt ist.

Es ist ein unerträglicher Zustand, wenn sich die Finanztheorie gerade um dieses ausschlaggebende Grundproblem beharrlich herumdrückt. Angenommen selbst, daß die verschiedensten Meinungen darüber berechtigt wären, welche Art der Steuerverwendung jeweils im Interesse der gesellschaftlichen Wohlfahrt geboten ist, so bliebe es doch die zentrale Aufgabe der Finanzwissenschaft, die notwendigen Folgen, die aus jeder bestimmten Steuerverwendungsart erwachsen, auf das exakteste herauszuarbeiten, statt wie bisher diese immer wieder tatsachenwidrig nur als unerwünschte oder unvorhersehbare Nebeneffekte hinzustellen, wodurch nichts anderes erreicht wird, als daß man kontinuierlich teils zu den eigentlichen Problemen gar nicht vordringt, teils sie von einem falschen Punkte aus zu lösen sucht. Die Finanztheorie mag jede beliebige Steuerverwendung als soziologisch geboten erachten, aber sie gerät mit ihrer Problematik wie mit ihrer Methodik und erst recht mit ihrer Axiomatik notwendig in die Irre, wenn sie in der Steuerverwendung und Steuerverwertung nicht die treibende Kraft aller finanzpolitischen Entwicklung erkennt, wenn sie glaubt, die innersten Zusammenhänge zwischen öffentlichem Haushalt, Staat, Wirtschaft und Gesellschaft erfassen zu können, ohne von der sozialen Kausalität der Steuerverwendung ihren Ausgang zu nehmen.

Es ist sicherlich kein Zufall, daß, soweit in neuerer Zeit die Probleme der Steuerverwendung systematische Berücksichtigung erfuhren, dies vor allem irgendwie sozialistisch orientierten Finanztheoretikern zu danken ist. Gleichviel ob diese von Lassalle ihren Ausgang nahmen, wie Adolph Wagner, der freilich einen machtpolitischen Staatssozialismus ausbaute und darum mit seiner Voranstellung der Steuerverwendungslehre auf halbem Wege stecken blieb oder ob sie an Marx anknüpften, wie Karl Renner, in dessen bahnbrechender, 1909 erschienenen Schrift „Das arbeitende Volk und die Steuern" sich bereits sehr wesentliche Ansätze zu einer die Steuerverwendung zur Grundlage nehmenden Finanztheorie finden. Aber wenn sich seither auch verschiedene sozialistische Parteitage auf den gleichen Boden stellten und Eduard Bernstein, wie einige andere führende Sozialisten, namentlich praktisch, einen ähnlichen Standpunkt einnahmen, so existiert doch bisher eine sorgsam durchdifferenzierte sozialistische Steuerverwendungslehre ebensowenig wie eine bürgerliche. Sie kann sich auch erst auf dem Boden der Finanzsoziologie erheben, deren Aufbau ich als erster 1917 versuchte. Nicht einmal diesen Begriff hatte es vorher gegeben und noch weniger war das Gebiet der Finanzsoziologie entdeckt, das eines der wichtigsten Gebiete der gesamten Soziologie überhaupt darstellt. Weder Schaeffle noch Lorenz v. Stein haben ernsthaft finanzsoziologisch gedacht; am stärksten tendierte noch der geniale Outsider Constantin Frantz nach dieser Richtung, dessen seiner Zeit weit vorauseilendes, mit unerbittlicher Schärfe und höchstem stilistischen Glanz geschriebenes Buch aus dem Jahre 1881 „Die soziale Steuerreform als die conditio sine qua non, wenn der sozialen Revo=

lution vorgebeugt werden soll" aber nie die verdiente Beachtung gefunden hat, obwohl oder vielleicht gerade weil es in seiner staatssozialistischen Fundierung der Finanzwissenschaft viel weiter geht und viel radikaler ist, als Adolph Wagner und seine Schule.

Für die traditionelle Finanzwissenschaft war es ihrer soziologischen Herkunft nach jedenfalls stets charakteristisch, daß sie das Problem der Steuerverwendung von vornherein als etwas außerhalb ihrer Kompetenz liegendes ansah, daß sie den Standpunkt einnahm: wofür der Staat Einnahmen braucht, das zu untersuchen ist nicht meine Sache, mir liegt es nur ob, die verschiedenen Finanzsysteme zu beschreiben und zu vergleichen, um schließlich festzustellen, welches Finanzsystem jeweils die Aufgaben, die der Staat sich setzt, am zuverlässigsten erfüllt, wie dadurch ein Defizit im Staatshaushalt vermieden zu werden vermag, auf welche Weise sich die Einnahmen angesichts der gegebenen politischen Konstellation am wirksamsten steigern lassen, durch welche Ersparnisse auf der Ausgabenseite eine mit Gefahren für den Staat verbundene Steigerung des Steuerdruckes aufzuhalten ist. Es ist klar, daß auf Grund einer derartig geflissentlich von gründlichster Analyse der Steuerverwendung absehenden Betrachtungsweise keine einheitliche, den Mechanismus des öffentlichen Haushalts hell durchleuchtende Finanztheorie zustande kommen konnte.

Gerechte sozial vernünftige Steuerverteilung besonders ist unmöglich ohne gerechte, sozial vernünftige Steuerverwendung. Eine Finanztheorie, die nicht die wissenschaftliche Grundlage sozial vernünftiger Steuerverwendung und -verteilung sein will, die nicht zumindestens zu erklären sucht, warum jeweils eine bestimmte Steuerverteilung und Steuerverwendung angestrebt resp. perhorresziert wird und wie sich Steuerverteilung und Steuerverwendung wechselseitig bedingen — was soll eine solche der soziologischen Fundierung entbehrende Finanztheorie zu leisten imstande sein?

Die Steuerverteilung wie die Steuerverwendung richtet sich nach der Macht, die hinter den Interessen der einzelnen Bevölkerungsschichten und -klassen steht; wobei namentlich der gesonderte Kampf, der um die Steuerverteilung und um die Steuerverwendung geführt wird, auf das genaueste zu beachten ist. Die Tatsache, daß die Steuern in so hohem Maße überwälzt, ja hin und her gewälzt werden, hat jedenfalls vor allem darin ihren Grund, daß wir in bezug auf eine gerechte, sozial vernünftige Steuerverteilung bereits viel weiter vorgeschritten sind, als hinsichtlich gerechter, sozial vernünftiger Verwendung der öffentlichen Einnahmen. Gerechte Steuerverteilung ist zweifellos auch viel leichter als gerechte Steuerverwendung. Denn das gesellschaftliche Leistungsvermögen des Gemeinwesens hängt in erster Linie von der Höhe seiner Einnahmen ab. Erreichen diese eine bestimmte Grenze nicht, so muß sich das Gemeinwesen auf die unvermeidlichsten Ausgaben beschränken, genau so wie das einzelne Individuum, das auf das allerknappste Existenzminimum angewiesen ist.

Erst die Steuerverwendungslehre läßt deshalb das Problem des Staates in seiner ganzen Tiefe erstehen. Erschöpft sich die finanzsoziologisch fundierte Steuerverwendungslehre doch nicht allein darin, die jeweilige Steuerverwendung kritisch zu analysieren, ihre Zusammenhänge mit der Steuerverteilung, Steuerzirkulation und Steuerproduktivität auf das exakteste zu untersuchen, sondern sie erforscht darüber hinausgehend: öffentliche Einnahmen in welcher Höhe und welcher Herkunft die Voraussetzung dafür sind, daß das Gemeinwesen über genügende Mittel verfügt, um überall dort regelnd und helfend eingreifen zu können, wo die Wirtschaft aus Eigenem außerstande ist, für die Befriedigung der gesellschaftlich notwendigen Bedürfnisse ausreichend zu sorgen. Mit anderen Worten: die finanzsoziologisch und menschenökonomisch fundierte Steuerverwendungslehre ist vor allem dadurch charakterisiert, daß für sie der öffentliche Bedarf nicht das im Großen und Ganzen feststehend Gegebene ist, sondern das eigentliche Grundproblem der Finanzwissenschaft darstellt.

Sieht man die Dinge aber so, dann kann kein Zweifel darüber bestehen: die Finanzwissenschaft ist, ebenso wie die Bevölkerungslehre, kein bloßes Anhängsel der Nationalökonomie; in ihr wird vielmehr über die Grenzen der wirtschaftlichen Wirksamkeit des Staates und damit im Endeffekt über die Grenzen der Wirksamkeit des Staates überhaupt entschieden. Das ist das wichtigste, das grundlegende Ergebnis der zur Finanzsoziologie erweiterten Finanzwissenschaft, die notwendig in der Steuerverwendungslehre ihr Zentrum erblicken muß.

VIII. Das Verhältnis von Mensch und Staat und der produktive Arbeitsstaat.

Wir wissen jetzt: Je nachdem, worin man jeweils die Hauptaufgabe, den eigentlichen Sinn und Zweck des Staates erblickt, darnach gestaltet sich das Finanzsystem, auf dem er sich aufbaut, wie dieses seinerseits wieder den Staat in Struktur und Funktion ausschlaggebend weiterbildet.

Der reine Herrschaftsstaat, dem der Mensch nur Mittel zum Zweck dynastischer oder oligarchischer Machterweiterung ist, braucht einen ganz anders konstituierten Haushalt, als der liberale Staat, der in erster Linie von den Profitinteressen des Privatkapitals innerviert wird und wieder auf einen ganz anders zusammengesetzten Haushalt drängt der soziale Fürsorgestaat hin, der in unsern Tagen in die kapitalistische Wirtschaft hineinzuwachsen beginnt. Für diesen gilt nicht mehr der alte Hobbes'sche Satz, daß der Mensch dem Menschen ein Wolf ist, sondern in ihm wird der Mensch dem Menschen — zur Verlegenheit. So paradox es klingt: der heutige zwischen Kapitalismus und Sozialismus hin und her gezerrte Staat fühlt sich durch den Menschen belastet. Er kennt den Menschen beinahe nur als Kostenfaktor und schätzt ihn darum nicht. Das geschichtliche Verhältnis von Staat und Mensch ist überhaupt äußerst charakteristisch. Die längste Zeit interessiert den Staat der Mensch nur als Rekrut und Steuerzahler. Was er darüber hinaus noch ist, daran nimmt er nicht den geringsten Anteil. Man ermesse hieraus, wie fremd dem Staat seinem ursprünglichen Wesen nach die Idee der reinen Fürsorgegemeinschaft sein muß, die dem Menschen um des Menschen selber willen dienen will. Der Wohlfahrtsstaat, der der Vorläufer des sozialen Fürsorgestaates war, konnte sich deshalb auch nie recht durchsetzen. Und ebenso hat der heutige soziale Fürsorgestaat noch immer mit den schwersten Widerständen zu kämpfen, weil er ähnlich wie der alte Wohlfahrtsstaat in der Hauptsache viel zu sehr charitativ fundiert erscheint.

Nunmehr sucht sich deshalb eine neue Staatsform durchzuringen: der produktive Arbeitsstaat, der Staat, der mehr sein will als bloß das Gehäuse der Wirtschaft, der funktionell immer stärker mit der Wirtschaft verwächst, der die Wirtschaft nicht nur zu fördern strebt, um zu höheren Einnahmen zu gelangen, sondern der vielfach auf größere Einnahmen in erster Linie zu dem Zweck hinwirkt, um die

Wirtschaft auf ein höheres Leistungsvermögen zu heben, um sie fähig zu machen, ihren gesellschaftlich notwendigen Aufgaben, sei es in güterökonomischer, sei es in menschenökonomischer Hinsicht optimal nachzukommen. Wir können den produktiven Arbeitsstaat heute gar nicht mehr entbehren, handle es sich um planmäßigen kulturellen Aufbau auf welchem Gebiet immer. Und für sämtliche Klassen ist das reiche Gemeinwesen schon zu einer Notwendigkeit geworden. Ja sogar alle Bemühungen um Rationalisierung der Produktion müssen letzten Endes versagen, wenn sie nicht von durchgreifendster Rationalisierung des öffentlichen Haushalts begleitet wird. Es ist deshalb der schwerste Irrtum zu glauben, die Alternative, vor der wir stehen, laute: Übergang zur Gemeinwirtschaft oder Aufrechterhaltung der Privatwirtschaft. Die Verhältnisse sind gegenwärtig vielmehr bereits dahin gediehen, daß auch schon die Privatwirtschaft so sehr auf soziale, ja sogar internationale Kollektivierung hindrängt, daß sie ohne Rückhalt an einem wirtschaftlich starken Staat nicht mehr imstande ist, alle Verbesserungen durchzuführen, die einerseits angesichts der Fortschritte von Wissenschaft und Technik unerläßlich sind, um konkurrenzfähig auf dem Weltmarkt zu bleiben und denen man sich anderseits sowohl wegen der gestiegenen Macht der Arbeiterklasse, wie wegen des geistigen und physischen Arbeitermaterials, dessen man bedarf, nicht mehr entziehen kann.

Es ist darum die grundlegende Wandlung in der gesellschaftlichen Funktion des Staates, die uns zwingt, auch in bezug auf die Finanzwissenschaft völlig umzulernen. Nichts verkehrter als die Annahme, der Staat sei etwas im Absterben Begriffenes oder zum Absterben Bestimmtes, die selbst noch ein Marx vom Manchesterliberalismus übernahm. Das direkte Gegenteil ist vielmehr die Wahrheit: immer gewaltigere Aufgaben hat der moderne Staat zu erfüllen, nach immer mannigfaltigeren Richtungen hin ist er genötigt, gesteigerte Vitalität zu entfalten. Je mehr die Wirtschaft wächst, je dichter ihre internationale Verflechtung wird, zu je riesigeren Kartellen, Syndikaten und Konzernen sie sich zusammenballt, auf einem je komplizierteren technischen Apparat sie sich aufbaut, auf je stärkere Arbeitsintensivierung sie angewiesen ist, je mehr ihre Durchrationalisierung bis ins kleinste Detail fortschreitet, je inniger das technische Produktionssystem und das organische Reproduktionssystem sich wechselseitig bedingen, in je weiterem

Ausmaß alle güterökonomischen Vervollkommnungen menschenökonomische Vervollkommnungen und alle menschenökonomische Vervollkommnungen güterökonomische Vervollkommnungen zur Voraussetzung haben, desto mehr muß sich auch der Staat differenzieren und integrieren, zu einem desto lebendigeren Gebilde gestaltet er sich aus, desto mehr steigt er in Struktur und Funktion zum eigentlichen Träger, zum eigentlichen Motor des gesellschaftlichen Lebens auf, so daß, wenn das Gemeinwesen an Mangel leidet, wenn es unzulänglich alimentiert wird, die Gesellschaft in ihrer Entwicklung unterbunden ist, ja schließlich bei allzu großer Blutarmut, bei allzu großer Not des Staates am unzulänglichen Staat die Gesellschaft abzusterben droht.

Nirgends ist darum Knauserigkeit schlechter angebracht als am Staat, als am öffentlichen Haushalt; diese setzt sich vielmehr direkt in Störungen an jedem einzelnen Privathaushalt, ja schließlich in Störungen am organischen Haushalt jedes einzelnen Individuums, in Störungen am organischen und generativen Haushalt der ganzen Nation um und wirkt sich am verhängnisvollsten aus, wenn die Knauserigkeit am Staat im Mißtrauen gegen den Staat hinsichtlich der ökonomischen Verwendung der öffentlichen Einnahmen ihre eigentliche Ursache hat.

Gerade je berechtigter dieses Mißtrauen aber ist, einen desto unwiderleglicheren Beweis liefert es dafür, daß die Finanzwissenschaft in ihrer fortschreitenden Entfaltung durch nichts mehr aufgehalten wird, als durch den unzulänglichen Ausbau der Steuerverwendungslehre, die theoretisch wie praktisch ausschlaggebend für das Ganze ihres Leistungsvermögens ist.

IX. Die Wechselbeziehungen zwischen Steuerdruck und Wirtschaftsdruck.

Und man übersehe auch dies nicht: wenn man von Zweckmäßigkeit einer Steuer oder eines Steuersystems spricht, so kann darunter Zweierlei verstanden werden. Erstens, daß eine bestimmte Steuer oder das Steuersystem als Ganzes als das geeignetste Mittel zur Beschaffung derjenigen Beträge angesehen wird, die zur Deckung vorweg bestimmter Ausgaben erforderlich sind. Und zweitens kann man eine Steuer oder ein Steuersystem auch als zweckmäßig bezeichnen, weil die ins Auge gefaßte Verwendung der erwarteten Erträge als sozial geboten erscheint. Im ersteren Fall sind es die Interessen derer, die die Abgaben aufzubringen haben, auf die man vor allem Rücksicht nehmen will; im letzteren Fall fragt man, ob die Zwecke, denen man die Steuererträge zuführen will, als sozialökonomisch gerechtfertigt erscheinen, ob ihre Verwendung denjenigen zugutekommt, deren Interessen es zu fördern gilt.

Wir stehen also vor ganz anders gearteten Zweckmäßigkeitsproblemen, je nachdem ob es sich um zweckmäßige Steuerverteilung oder um zweckmäßige Steuerverwendung handelt. Und ebenso sind die Interessen der einzelnen Bevölkerungsschichten in ganz anderer Weise zu wahren, wenn über die Steuerverteilung und wenn über die Steuerverwendung entschieden wird. In der Steuerhöhe und Steuerverteilung haben wir es mit der Stärke und Reichweite des Steuerdrucks zu tun. In der Steuerverwendung hingegen mit der zweckmäßigen Ausgleichung und planmäßigen Verringerung des Wirtschaftsdruckes. Die Finanzwissenschaft und Finanzpolitik zieht sich weit engere Grenzen, wenn sie nur das Problem des Steuerdruckes und nicht zugleich das Problem des Wirtschaftsdruckes beschäftigt. Sie kann dann auch nicht zu ihrer eigentlichen Grundfrage gelangen, nämlich zur Erforschung der wechselseitigen Bedingtheit von Steuerdruck und Wirtschaftsdruck, das heißt zu jener Frage, von deren Entscheidung es abhängt, die Interessen welcher Bevölkerungsschichten man als die vitalen und zentralen für das Gemeinwesen, wie für das Maximum der Leistungsfähigkeit der Wirtschaft ansehen muß.

Je nachdem wofür ein Gemeinwesen Mittel haben will und wofür es keine Mittel zu haben wünscht, danach richtet es sich, ob direkte oder indirekte Steuern begünstigt werden, wie man die direkten und indirekten Steuern zu gestalten, zu bemessen und zu verteilen sucht, in welchem Maße man auf die Förderung der wirtschaftlichen und politischen Interessen der Starken ausgehen muß und inwieweit man sich die Entlastung und Ertüchtigung der Schwachen angelegen sein lassen kann. In dem Problem Steuerverwendung und Interessenpolitik handelt es sich also nicht etwa nur um die alte Streitfrage, direkte oder indirekte Besteuerung, in dem Sinne, daß man festzustellen trachtet, ob Besitz-, Einkommen-, Erbschafts-, Ertrag- und Erwerbssteuern oder Verbrauchssteuern die geeignetere Methode zur Gewinnung der erforderlichen öffentlichen Einnahmen ist, sondern weit mehr noch darum, ob man auf direkterem oder indirekterem Wege, ob man tatsächlich oder nur scheinbar das Los der dem schwersten Wirtschaftsdruck ausgesetzten Volksklassen zu bessern bemüht ist.

Das zeigt sich am deutlichsten an der widerspruchsvollen Haltung, die vom Standpunkt der gegenwärtigen Finanztheorie aus einerseits der Anleihefrage und andererseits der Lohnfrage gegenüber eingenommen wird. Die Zuflucht zu Anleihen verteidigt man immer wieder mit dem Argument, daß man der gegenwärtigen Generation nicht die Kosten aller jener Aufwendungen auferlegen darf, die voll erst der künftigen Generation zugutekommen; hinsichtlich der Löhne hingegen erklärt man, es sei Pflicht der gegenwärtigen Generation, sogar die schwersten Entbehrungen auf sich zu nehmen, damit die künftige Generation auf ein höheres Lebensniveau gehoben werden könne. Auch dieser flagrante Widerspruch läßt sich nur durch eindeutige und einheitliche Lösung des Steuerverwendungsproblems überwinden.

Und die gleiche Relevanz hat das Problem der Verwendung der öffentlichen Einnahmen für alle zollpolitischen Entscheidungen, wie ganz besonders für die Entscheidung über die Frage der gesellschaftlichen Funktion und der gesellschaftlichen Produktivität des öffentlichen Eigentums, über das Maß der jeweils wünschenswerten Höhe des öffentlichen Eigentums und des Tempos seines Wachstums neben oder auf Kosten des privaten Eigentums.

Es gibt eben kein Gebiet der Wirtschaft, für das es nicht ausschlaggebend wäre, ob man die Erfordernisse der Güterökonomie oder die Erfordernisse der Menschenökonomie voranstellt, wo man nicht zu ganz andern Maßnahmen gedrängt wird, je nachdem ob man sich in allem und jedem von den tiefinnern Wechselbeziehungen zwischen Güterökonomie und Menschenökonomie bestimmen läßt, oder ob man so ganz und gar von der güterökonomischen Außenseite der privaten wie der öffentlichen Wirtschaft geblendet ist, daß man ihre menschenökonomische Innenseite nicht einmal sieht, resp. über sie gleichgültig hinwegzugehen trachtet. Am bittersten rächt sich das Verkennen dieser grundlegenden Zusammenhänge in der Finanztheorie und Finanzpraxis, weil es die jeweilige Zusammensetzung des öffentlichen Haushaltes ist, die darüber entscheidet, in welchem Ausmaß das Gemeinwesen die Fülle der Einzelwirtschaften zu Volkswirtschaft im wahren Sinne des Wortes zusammenzufassen vermag, nämlich zur Volkswirtschaft als Wirtschaftlichkeit am Volk, an Stelle bloß scheinbarer Volkswirtschaft, die in Wirklichkeit nichts anderes ist, als Bewirtschaftung und Verwirtschaftung des Volkes im Interesse bevorrechteter Schichten.

X. Das Prinzip der Selbsthilfe in soziologischer Betrachtung.

Es ist kein Staat denkbar, der den verschiedenen Interessen der einzelnen Bevölkerungsschichten völlig indifferent gegenüberstünde. Es liegt vielmehr in seinem notwendigen Wesen begründet, diese gegeneinander abzuwägen, die Bestrebungen der Einen zu fördern, die der Anderen zu hemmen. Das Prinzip der Selbsthilfe vermag also der Staat stets nur innerhalb bestimmter Grenzen gelten zu lassen. Schrankenlose Selbsthilfe führt unausweichlich zum Kampf Aller gegen Alle, der dem immanenten Sinn des Gemeinwesens widerstreitet. Ja, selbst wenn der Staat die Einzelnen in sehr weitem Ausmaß auf Selbsthilfe anweist, so bleibt er doch mit alledem belastet, was aus der Summierung aller jener Fälle erwächst, in denen es für die Einzelnen innerhalb der gegebenen Verhältnisse vollends unmöglich ist, sich selbst helfen zu können. Mit der Selbsthilfe ist es eben nicht so einfach, als es bei oberflächlicher Betrachtung erscheint. Es setzt vielmehr bereits die feinstdifferenzierte staatliche und gesellschaftliche Organisation, die gesichertest entfaltete gewerkschaftliche und genossenschaftliche Organisation voraus, damit die Selbsthilfe sich zu einem auch nur einigermaßen leistungsfähigen System auszugestalten vermag. Nichts ist jedenfalls verkehrter, als die Annahme, als ob wir ohne die durchgebildetsten Regelungsmaßnahmen des Gemeinwesens irgendwo tatsächlich zu befriedigender Selbsthilfe gelangen könnten, zu einer Selbsthilfe, die nicht notwendig in ein Chaos ausartet. Mit anderen Worten: wirksame Selbsthilfe ist nicht anders realisierbar, als auf dem Untergrunde sorgsamst ausgebauter staatlicher Hilfe, als mittels Gesetzgebung und öffentlicher Verwaltung geschützter und organisierter gegenseitiger Hilfe.

Ohne diese Unterstützung vermag sie sich bestenfalls dort innerhalb bestimmter Grenzen mit einigem Erfolg zu betätigen, wo sie an großem gesellschaftlichen Reichtum einen genügend starken Rückhalt findet, versagt aber unfehlbar in geradezu katastrophaler Weise, wo es gilt, hohen gesellschaftlichen Reichtum erst zu schaffen, wo also aus relativ knappen

Mitteln ein einigermaßen ausreichender Nutzeffekt herausgewirtschaftet werden muß.

Selbsthilfe mag darum als fernes Ziel einer schöneren Zukunft gerechtfertigt sein, für die Gegenwart ist umfassendste staatliche und soziale Hilfe noch unentbehrlich. Ja, innerhalb des Bestehenden ist es sogar so, daß der Staat, je mehr er die Einzelnen auf Selbsthilfe angewiesen sein läßt, sie in desto höherem Maße zu schärfstem Klassenkampf zwingt. Wobei es dann aber unaufhaltsam dazu kommt, daß der Staat, in dem die Einzelnen genötigt sind sich selber zu helfen, sich schließlich selbst nicht mehr zu helfen weiß. Und zwar sowohl innenpolitisch wie außenpolitisch, wirtschaftlich nicht minder als finanziell!

Können wir es heute nicht mit Händen greifen, wie sich die Staaten allüberall — vielleicht mit der einzigen Ausnahme von Amerika, welches das reichste Land der Welt ist — sozial im trostlosesten Notstand befinden, und zwar wegen ihrer wirtschaftlichen Ohnmacht, die in aufreizendstem Widerspruch zu ihrer teils angemaßten, teils eingebildeten politischen Allmacht steht. Auch wo es ihnen sogar glückt, mühsam das Gleichgewicht in ihrem Haushalt herzustellen, zu welchen verzweifelten Mitteln müssen sie da immer wieder greifen, um die Gefahr des Defizits abzuwehren, was müssen sie da nicht alles unberücksichtigt und ungetan sein lassen, nur um nicht noch größeres Unheil heraufzubeschwören. Es ist ein Wahn zu glauben, daß in einem auf unzulänglichen finanziellen Fundamenten ruhenden Staat die Wirtschaft das Maximum dessen für die Bevölkerung zu leisten vermöchte, das jeweils nach dem Stande von Wissenschaft und Technik erreichbar wäre. Ist doch der notleidende Staat, ob er will oder nicht, stets gezwungen, politischen Gesichtspunkten den Vorzug vor den sachlichen zu geben, die Interessen derer zu schützen, die seine unmittelbaren Geldgeber sind, statt die Interessen jener, aus deren Tüchtigkeit und Wohlfahrt er seine eigentliche Kraft zieht.

XI. Die Rationalisierung der Wirtschaft, die Rationalisierung des öffentlichen Haushalts und die sozialen Lasten.

So sehr hängt das Ganze des gesellschaftlichen Leistungsvermögens von der Stärke des Gemeinwesens ab, daß selbst die Rationalisierung der Produktion breiten Schichten des Volkes zur schwersten Gefahr zu werden droht, wenn der Staat wirtschaftlich zu schwach ist, für die erhöhten sozialen Lasten aufzukommen, die mit der technischen Umgestaltung des Arbeitsprozesses zunächst notwendig verbunden sind. Wem anders als dem Staat, den Ländern, Städten und Gemeinden fällt die Aufgabe zu, für alle diejenigen zu sorgen, für die die Privatwirtschaft keine Verwendung mehr hat oder für die sie aus Eigenem nicht ausreichend sorgen kann. Ist weitgehende Ersparnis an Arbeitskräften durch fortschreitende technische Verbesserung wirklich Rationalisierung der Wirtschaft, sobald sie ins Riesige wachsende Arbeitslosigkeit nach sich zieht, deren Opfern das Gemeinwesen kaum in der allerdürftigsten Weise auch nur die nackte Existenz zu sichern vermag? Ist es nicht vollkommener Widersinn, wenn die Rationalisierung der Produktion so schließlich geradezu zur Irrationalisierung des Lebens führt?

Und wie ungeheure Mittel hat der Staat zu allen Zeiten beansprucht, um die Sicherheit nach außen zu erhöhen, wie wenig aber hat er stets danach gestrebt, die wirtschaftliche Sicherheit der Massen nach innen zu steigern! Obwohl es doch unzweifelhaft ist, daß selbst die härtesten Rüstungslasten außerstande sind, Völker, die in ihrer Verzweiflung zum Klassenkampf ihre Zuflucht ergreifen müssen, vor kriegerischen Zusammenstößen bewahren zu können. Schon deshalb, weil, je erbitterter die Klassenkämpfe sich gestalten, die herrschenden Klassen um so mehr dahin gedrängt werden, vor der inneren Politik in die äußere Politik zu flüchten.

Die Zukunft wird es lehren: der zuverlässigste und ökonomischste Rüstungsaufwand ist kulturelle physische und geistige Aufrüstung der Massen, ist Sozialpolitik im Sinne planbewußter Menschenökonomie, das heißt zugleich bis ins Letzte gründlich durchrationalisierte vorbeugende Sozialpolitik, wo man schon die Entstehung sozialer Lasten dadurch zu verhüten sucht, daß man das Gemeinwesen wirtschaftlich stark genug macht, dahin zu wirken, daß, soweit dies irgend möglich ist, der soziale Mehrwert ohne Ausbeutung der menschlichen Arbeitskraft gewonnen wird. Es hat keinen Sinn, Klagelieder über die Höhe der sozialen Lasten anzustimmen, ist es doch die Wirtschaft selber, die diese produziert. Will man also soziale Lasten vermeiden, so gilt es gesellschaftliche Maßnahmen zu treffen, welche den Menschen Lebens- und Arbeitsbedingungen schaffen, die sie nicht unentrinnbar nötigen, dem Gemeinwesen immer wieder zur Last fallen zu müssen. Denn unbehobenes privates Leid kehrt vermehrt wieder als öffentliche Last! Was man soziale Lasten nennt, sind also in Wirklichkeit die unberücksichtigten natürlichen menschenökonomischen Kosten der Produktion, für die niemand aufkommen will und die deshalb — unter unendlichen vermeidbaren Verlusten für die Wirtschaft — zwischen Kapital, Arbeiterschaft und Staat kontinuierlich hin und her gewälzt werden.

Wir begehen auch noch immer den fundamentalen Fehler, die menschlichen Bedürfnisse nur als Abzugsposten am Wirtschaftsertrag anzusehen, ohne die ungeheure sozialmotorische Kraft der Bedürfnisse zu ahnen, ohne zu erkennen, daß die menschlichen Bedürfnisse zugleich der stärkste produktivitätssteigernde Faktor der Wirtschaft sind.

XII. Die finanzsoziologischen und menschenökonomischen Lehren d. Wirtschaftlichkeitswissenschaft.

Unsere ganze Wirtschaftswissenschaft war eben bisher noch nicht Wirtschaftlichkeitswissenschaft, was ganz besonders der Finanzwissenschaft zum schwersten Verhängnis wurde. Um so mehr, da überhaupt die gesamte bisherige Sozialwissenschaft beinahe ausschließlich als Sozialwissenschaft von oben, statt zugleich aufs gründlichste als Sozialwissenschaft von unten betrieben wurde — eine durchaus nicht verwunderliche Erscheinung, weil es in der traditionellen herrschaftsmäßig gegliederten Gesellschaft, die bloß den herrschaftsmäßig aufgebauten Staat kannte, noch kein Volk im heutigen Sinne gab, sondern nur bevorrechtete Oberschichten und daneben nichts als verachteten Pöbel, den man lediglich als Mittel, nicht zugleich als Selbstzweck ansah. Wir hatten so nur eine Staatswissenschaft, nur eine Rechtswissenschaft, nur eine Wirtschaftswissenschaft, nur eine Bevölkerungswissenschaft und erst recht nur eine Finanzwissenschaft von oben, zu einer sorgsamen Betrachtung und Behandlung aller dieser Wissenschaften auch von unten fehlten beinahe jegliche sozialen Voraussetzungen.

In dieser Beziehung vollzieht sich nun heute der entscheidende Umschwung, von dem bisher am wenigsten jedoch die Finanzwissenschaft berührt war. Indem sie gedrängt wird, den Steuerverwendungsproblemen ihre Hauptaufmerksamkeit zuzuwenden, wird auch sie in die fundamentale Wandlung hineingezogen, die — mit der veränderten Struktur der Gesellschaft — die Wirtschaft, das Recht und die Bevölkerungsbewegung ebenso erfaßt wie den Staat, der im selben Maße als er gezwungen ist, nicht mehr bloßer Machtstaat zu sein, immer stürmischer und immer bewußter Fürsorge- und Versicherungsstaat werden muß — wenn er nicht überhaupt jeglichen gesellschaftlichen Zweck und Sinn einbüßen soll, der lediglich gestützt auf die Interessen anderer und weit breiterer Schichten, als der Staat der Vergangenheit, kraftvolles Leben zu erhalten und zu entfalten vermag.

Dieser neue produktive Arbeitsstaat hat seine oberste Aufgabe darin zu erblicken, gleichsam der Treuhänder des organischen Kapitals zu werden, muß deshalb trachten, zu immer wachsendem Reichtum aufzusteigen, weil er nur so weit mehr Gebender als Nehmender sein kann. Erst der reiche soziale Staat wird uns von dem Armutswahn befreien, der der Höhe des heutigen Wissens und Könnens längst nicht mehr entspricht, der heute bloß die Ausrede ist, sich allen jenen gesellschaftlichen Verbesserungen der Wirtschaft zu entziehen, die nur unter Führung eines starken Gemeinwesens — und zwar auf dem Gebiete der Landwirtschaft noch tiefergreifend, als auf den Gebieten der Industrie und des Handels — bewerkstelligt zu werden vermögen.

Man vergleiche doch nur: die Wirtschaftlichkeit, zu der das reiche, kapitalkräftige Gemeinwesen die Besitzenden zu erziehen imstande ist und die Unwirtschaftlichkeit, zu der das arme, überschuldete Gemeinwesen die Besitzlosen zwingt —, um zu ermessen, wie unberechtigt es von jedem objektiven Standpunkt aus ist, die öffentliche Hand als die kalte Hand zu brandmarken, die tötend ins warme Leben eingreift. Gewiß, es geht auch ohne staatliche Hilfe — aber man frage nur nicht wie, forsche nicht danach, welche gesellschaftlichen Bedürfnisse zum Fluch des Ganzen dann notwendig unberücksichtigt bleiben! Und kein schlimmeres Verdammungsurteil kann es jedenfalls über ein Gemeinwesen geben, als wenn die öffentliche Hand mit Recht gefürchtet werden muß.

Die finanzsoziologischen und menschenökonomischen Lehren. 43

Läßt sich eine eindringlichere Lehre denken, als die Zustände jener Zeiten, wo man skrupellos die schwersten militärischen Lasten auf sich nahm, sich um die sozialen Lasten jedoch so viel wie gar nicht kümmerte? Und ist etwa die gegenwärtige Situation besonders ermunternd, wo man beinahe völlig ignoriert, in wie innigem Zusammenhang die militärischen und die sozialen Lasten stehen, daß man umso höhere militärische Lasten gutheißen muß, je größer die sozialen Lasten sind, die die Wirtschaft produziert, ohne ihrer Herkunft nachzuforschen und ohne dem Gemeinwesen die erforderlichen Mittel zur Verfügung zu stellen, um wenigstens die ärgsten menschenökonomischen Versäumnisse ausgleichen zu können?

Es ist die gerühmte freie Wirtschaft, die den unfreien Staat schafft; es ist die vampyrartige Steuerpolitik, zu der der unfreie Staat durch seine falsche Steuerverwendung genötigt wird, die die Völker feindlich gegen einander treibt, die das Grenzabsperrungssystem heraufbeschwört, das allen gesunden internationalen Güteraustausch unterbindet. Wissen wir doch, wie nachhaltig sich gerade Steuerpolitik und Zollpolitik wechselseitig beeinflussen und in wie hohem Maße es vor allem die Steuerverwendung ist, die beiden ihren Weg vorschreibt. Wie ganz anders wirken Steuern und Zölle, wenn sie wirklich den Schutz der heimischen Produktion anstreben, indem sie zugleich die Stärkung der heimischen Kaufkraft zu fördern suchen, statt unter diesem Vorwand in erster Linie der Aufrechterhaltung der Ausbeutung der breiten Massen zu dienen, wo sie dann durch Verteuerung der lebensnotwendigen Bedarfsgüter die katastrophalsten Störungen in der adäquaten Umsetzung von Arbeitskraft in Kaufkraft hervorrufen.

Es gibt einen sehr einfachen Prüfstein, um mit äußerster Exaktheit festzustellen, ob jeweils das ganze System der öffentlichen Abgaben — ihre Herkunft, Zusammensetzung und Verwendung — rationell und ökonomisch oder unsozial und unproduktiv ist, nämlich dessen Beurteilung auf Grund der jeweiligen bevölkerungs- und sozialstatistischen Daten. Die Korrelation zwischen Geburten- und Sterblichkeitsziffern, die Ziffern der Säuglings- und Kindersterblichkeit, die Ziffern der Sterblichkeit an den großen Volkskrankheiten, die Ziffern der Wohndichte, die Unterernährungsziffern, die Länge des durchschnittlichen Arbeitstages, die Höhe des durchschnittlichen Reallohnes, die durchschnittliche Lebensdauer der einzelnen Berufsschichten, die durchschnittliche Länge der eigentlichen Produktivitätsperiode, die

Ziffern der Arbeitslosigkeit, der Kurzarbeit, der Frauen- und Kinderarbeit, der Altersaufbau der Bevölkerung, die Zahl der Eheschließungen, der Müttersterblichkeit, der Totgeburten, das Verhältnis der Ehelichen zu den Unehelichen, die Tauglichkeitsziffern — in alledem haben wir den untrüglichen Spiegel der wahren Leistungen des Gemeinwesens vor uns. Daraus allein ist mit Sicherheit zu entnehmen, ob die richtige Steuer- und Zollpolitik, die richtige Wirtschafts- und Finanzpolitik betrieben wird, ob mit dem Gleichgewicht im Staatshaushalt zugleich das Gleichgewicht in jedem einzelnen Familienhaushalt, im organischen Haushalt jedes einzelnen Individuums, wie im generativen Haushalt der Gesellschaft geschaffen wird, ob sich Produktionsökonomie und Reproduktionsökonomie wechselseitig auf ein immer höheres Niveau heben.

Die bevölkerungs- und sozialstatistischen Daten, sie lehren es uns mit unanzweifelbarer Eindeutigkeit, daß die bisherige Sozialwissenschaft von oben uns in die Irre führte, daß es hauptsächlich ihre Schuld war, wenn sich bis nun Machtverhältnisse erhalten konnten, die den unsozialen, unsoliden, unproduktiven öffentlichen Haushalt erzeugten, der das schwerste Gebrechen unserer gesamten heutigen Kultur darstellt. An ihre Stelle muß eine Sozialwissenschaft treten, die die Dinge auch von unten her sieht und nicht nur dies: wir brauchen auf allen Gebieten des sozialen Lebens die helfende Wissenschaft, die die Ergebnisse der Forschung auch für die Praxis zu verwerten versteht und damit zur sozialen Heilkunde, ja zur sozialen Heilkunst wird.

So sehen wir, daß für das Erkennen überhaupt das Gleiche gilt, wie für die Finanzwissenschaft: die endgültige Bewährung entscheidet sich in der Verwertung und Verwendung der gewonnenen Ergebnisse. Und zwar trifft dies in so hohem Maße zu, daß, um welches Problem immer es sich handle, die Forschung um so exakter und objektiver wird, je schärfer Forschungsmittel und Forschungszwecke einander wechselseitig kontrollieren und korregulieren.

Diese Einsicht muß deshalb von ganz besonderer Bedeutung für die Finanzwissenschaft sein, weil jede kulturelle Frage zuletzt zu einer Finanzfrage wird, gipfelt doch jegliches Organisieren schließlich im Finanzieren. Im Mittelpunkt allen Organisierens muß aber der Mensch stehen, der Mensch als Wertschöpfer, Wertvermehrer und Wertgenießer, der Mensch, der, indem er durch seine Gesundheit und Tüchtigkeit das Ganze zur höchsten Entfaltung bringt, zugleich seine eigene wirtschaftliche Existenz am zuverlässigsten zu sichern, seinen eigenen ökonomischen Wert am wirksamsten zu schützen vermag.

Aus der Finanzsoziologie und Menschenökonomie erfahren wir darum aufs genaueste, wann, in welchem Ausmaß und aus welchen Gründen den Menschen die Verwirklichung ihrer gesellschaftlich notwendigen wirtschaftlichen Ziele jeweils gelingt oder mißlingt; kausal wie final stellen so Finanzsoziologie und Menschenökonomie die Hauptstützpfeiler des gesamten sozialwissenschaftlichen Geistesgebäudes dar.

Denken wir über die Wirtschaft, und zwar über die private ebenso wie über die öffentliche, nicht nur güterökonomisch, sondern in voller Klarheit und Konsequenz zugleich menschenökonomisch und finanzsoziologisch, so enthüllt sich uns, daß zwischen Wirtschaftlichkeit und Menschlichkeit kein unaufhebbarer Gegensatz besteht, daß Wirtschaftlichkeit und Menschlichkeit, wie auch Sachlichkeit und Menschlichkeit vielmehr zwei Seiten eines und desselben sind, und daß sie sich wechselseitig um so mehr fördern, um so besser ergänzen, an einem je stärkeren und reicheren Gemeinwesen die Volkswirtschaft ihren unzerstörbaren Rückhalt findet. Reich und stark wird aber nur ein Gemeinwesen, das seine wachsenden Einnahmen stets sozialproduktiver zu verwenden lernt.

Für den gesunden und tüchtigen Menschen, der seine Arbeitskraft in einer immer sorgsamer gestalteten Aufzuchts- und Berufsvorbereitungsperiode, in einer immer länger währenden Produktivitätsperiode, in einer immer besser geschützten Altersperiode zu nutzen versteht! Für ein starkes und reiches Gemeinwesen, das über genügendes Eigentum und Einkommen verfügt, um das Güterkapital und das organische Kapital gleich gut verwalten zu können, um die Lebensökonomie, um die generative Ökonomie zur gleichen Entfaltung zu bringen wie die technische Ökonomie! Darin haben wir die obersten Leitsätze der nicht mehr durch einseitige Interessenpolitik korrumpierten Steuerverwendungslehre zu erblicken.

2. Wie nimmt der Generalagent für deutsche Reparationszahlungen zu den Tatsachen des Finanzausgleichs Stellung?

Von

Dr. Constantin Miller.

Inhalt.

	Seite
Die Bedeutung des Memorandums vom 20. Oktober 1927 für die Reparationsdebatte und die Grundzüge der in ihm enthaltenen Kritik	46
Die Zitatkorrektur der Reichsregierung und die Frage der Möglichkeit einer Kritik der Reparationsberichte	50
Die Stellungnahme des Reparationsagenten zum Finanzausgleich im Berichte vom 30. November 1926 und der ihr zugrunde liegende Widerspruch	51
Die Finanzausgleichskritik im Bericht vom 10. Juni 1927 und ihre Lücken	54
Die grundsätzliche Stellungnahme des Reparationsagenten zum Finanzausgleich und ihr Verhältnis zu der von ihm tatsächlich geübten Kritik	59
Sonstiges	61

Durch das Memorandum, das der Generalagent für Reparations=
zahlungen, Herr Parker Gilbert, unterm 20. Oktober 1927 der deutschen
Reichsregierung überreicht hat, ist die bis zu diesem Zeitpunkt in
ruhigeren Formen sich bewegende Aussprache über die deutschen Re=
parationsleistungen etwas lebhafter geworden. War vorher vor allem
die Fähigkeit des Deutschen Reiches, auch in Zukunft den Verpflich=
tungen aus dem Sachverständigenplan nachzukommen, der Hauptgegen=
stand der Erörterungen gewesen, so wurden nunmehr die öffentlichen
Auseinandersetzungen nicht nur auf die bis dahin fast nur im Zusammen=
hang mit dem Finanzausgleich näher berührte Finanzpolitik der
Länder, sondern auch auf die Finanzpolitik der Gemeinden in zu=
nehmendem Umfange ausgedehnt. Zumal die Anleihegebarung und
Kreditpolitik dieser beiden letztgenannten Verwaltungskörper erhielt
angesichts der Kritik der Generalagenten für Reparationszahlungen
eine besondere Beachtung.

In engstem Zusammenhang mit dieser Kritik stand eine warnende
Haltung gegenüber der Ausgabengebarung des Deutschen Reiches und
einer Tendenz zur Steigerung der Reichsschuld. Sparsamkeit im Aus=
gabenwesen und Balancierung des Etats zur Erreichung seiner „Sta=
bilität" wurden gefordert, da „dessen Aufstellung und Erhaltung der
(sic!) Eckstein des Sachverständigenplanes für den Wiederaufbau
Deutschlands bildete"[1].

Die Feststellungen, Beanstandungen und Forderungen des General=
agenten für Reparationszahlungen reichen aber in zwei Punkten noch
weiter. Die Selbständigkeit der Anleihegebarung von Ländern und Ge=
meinden gegenüber dem Reich findet zwar „selbstredend"[2] Anerken=
nung. Gleichzeitig wird aber festgestellt, daß, „wenn... die Länder
und Gemeinden zwecks Finanzierung ihrer etatsmäßigen Ausgaben und
ihrer inneren Ausgestaltung auf den ausländischen Markt gehen", „sie
grundlegende Fragen auswärtiger Politik"[3] aufwerfen, an denen
naturgemäß das Reich wegen seiner außenpolitischen Verantwortlich=

---

[1] Vgl. das Memorandum des Reparationsagenten (in englischer und deutscher Sprache) und die Antwort der Reichsregierung in der amtlichen Fassung, Berlin 1927, S. 23, 1.   [2] „of course", a. a. O. S. 28/29.   [3] a. a. O. S. 29/31.

keit interessiert sei. Es biete sich dem Reich also eine „einzigartige Gelegenheit", ... „die Führerschaft zu ergreifen auf Grund der Verfassung" ... „wegen seiner Befugnis, die fundamentalen Prinzipien und die großen Richtlinien ... in zahlreichen Dingen der Besteuerung und des öffentlichen Finanzwesens vorzuschreiben"[4]. Die bisher gerade in diesem Punkte vorliegenden Bemühungen werden als „nicht erfolgreich"[5] abgetan; der Schluß wird gezogen, daß „sowohl im Interesse der deutschen Kreditwürdigkeit als auch, um Deutschlands wirtschaftliche Erholung vor den Gefahren übertriebener Ankurbelung und nachfolgender Rückschläge als Folge von übermäßigen Ausgaben und Borgwirtschaft durch die öffentlichen Organe zu sichern", „eine neue und wirklich wirksame Kontrolle, die in erster Linie auf dem Grundsatz der Überwachung der öffentlichen Ausgaben zu beruhen hätte", „in diesem Augenblick dringend nötig" sei[6]. Damit war die Forderung erhoben, daß das Reich die Ausgaben der Länder und Gemeinden, nicht nur ihre Anleihe- und Kreditwirtschaft, kontrollieren müsse. Dies ist der erste der oben angegebenen zwei Punkte.

Der zweite Punkt, bei dem ebenfalls die Kreditpolitik von Reich, Ländern und Gemeinden den Ausgangspunkt bildet, hat dem Sinn, wenn auch nicht dem Wortlaut nach, Befürchtungen über die Zukunft der deutschen Währung zum Gegenstand. Der einleitende Absatz des Abschnittes „III. Kredit- und Währungspolitik" lautet im deutschen Text des Memorandums folgendermaßen:

„Das gegenwärtige Kalenderjahr ist auch eins der Expansion hinsichtlich des Umlaufs der Zahlungsmittel und hinsichtlich der Verwendung kurzfristigen Kredites, insbesondere desjenigen der Reichsbank gewesen. Jegliche Erörterung von Kredit und Währung muß sich notwendigerweise auf die Politik der Reichsbank konzentrieren, welcher nach dem Bankgesetz die Pflicht obliegt, den Geldumlauf zu regulieren und für die Nutzbarmachung des verfügbaren Kapitals Vorsorge zu treffen. Wie klar das Gesetz aber auch sein mag, die finanziellen Operationen des Reichs, der Länder und der Gemeinden haben selber Ausmaße einer gesonderten Kreditpolitik angenommen, die häufig im Gegensatz zu der Kreditpolitik der Reichsbank ausgeübt wird. Der Wirkung nach hat es zwei Kreditpolitiken gegeben, die beide gleichzeitig arbeiteten und von denen eine oft die andere unwirksam machte. Das

---

[4] a. a. O. S. 31.   [5] a. a. O.   [6] a. a. O.

Nettoergebnis dieser verschiedenen Politiken hat, obwohl sie nach Ursprung und Zielsetzung einander entgegengesetzt waren, in der Richtung der Expansion gelegen, wie es ja nur zu wahrscheinlich der Fall ist, wenn die öffentlichen Organe auf Seiten der Expansion und des Geldausgebens stehen[7]."

Anschließend werden die Maßnahmen der Reichsbank auf dem Gebiete der Diskontpolitik einer Würdigung unterzogen und zur Abnahme des Gold- und Devisenbestandes in Beziehung gesetzt[8]. Den Kern der Ausführungen bilden die Sätze: „Die Finanzbehörden des Reiches, der Länder und der Gemeinden haben dadurch, daß ihre Tätigkeit der der Reichsbank entgegenwirkte, die Gesamtlage hinsichtlich der Behandlung schwieriger gemacht und zu der Expansion beigetragen." „Es erübrigt sich, jetzt ins Einzelne zu gehen, aber aus den Tatsachen ergibt sich mit genügender Klarheit, daß die Verwaltung der öffentlichen Mittel und der öffentlichen Banken sehr entschieden dahin tendiert hat, die Autorität der Reichsbank zu verringern und ihr Hilfsmittel zu entziehen, die sie im allgemeinen Interesse der Stabilität der deutschen Währung und Valuta benötigte[9]." Das ist in verschleierter Form die Feststellung einer die Währungslage gefährdenden Kreditpolitik des Reichs, der Länder und der Gemeinden.

Im Zusammenhang mit jener anderen Feststellung, daß bisher die Führerschaft des Reichs bei der Beaufsichtigung der ausländischen Anleihepolitik der Länder und Gemeinden versagt habe, muß diese Bemerkung des Reparationsagenten als ein unmittelbarer Vorwurf gegenüber der Reichsregierung betrachtet werden. Es findet sich denn auch in der Schlußbetrachtung des Memorandums eine Auslassung, nach der ein „Eindruck" des Inhaltes, „Deutschland handle nicht mit gehöriger Berücksichtigung seiner Reparationsverpflichtungen"[10] bereits vorliegen muß; er könnte ja sonst nicht Gefahr laufen, verstärkt zu werden.

Diese Feststellungen und Schlußfolgerungen nebst den darin enthaltenen mehr oder minder großen Vorwürfen kann man aus verschiedenen Gründen anzweifeln. So ist z. B. die Reichsanleihe vom Februar 1927 in ihrer Bedeutung gelegentlich gewürdigt[11], wie auch die Ermäßigung des Reichsbankdiskontsatzes von 6 auf 5 v. H. am

---

[7] a. a. O. S. 31/33.   [8] a. a. O. S. 33/35.   [9] a. a. O. S. 35.
[10] a. a. O. S. 37.   [11] a. a. O. S. 33/35.

11. Januar 1927, „kurz vor der Auflegung der fünfprozentigen inneren Anleihe des Reichs"[12]. Man vermißt aber z. B. eine Würdigung der Heraufsetzung des Zinsfußes für die Reichsanleihe auf 6% im Zusammenhang mit den Geld- und Kapitalmarktverhältnissen. Ferner erhält die Tätigkeit der Anleiheberatungsstelle angesichts der in der Antwort der Reichsregierung[13] sich findenden Gegenüberstellung der Summen der beantragten und der befürworteten Auslandsanleihen, sowie des Charakters dieser Anleihen, zumal der Kommunalanleihen, eine von den Betrachtungen des Reparationsagenten etwas abweichende Beleuchtung.

Im übrigen berührt das Memorandum sowohl mit der Forderung einer einheitlichen Kreditpolitik und der verantwortlichen Führerschaft des Reichs in ihr, wie auch an anderer Stelle[14] das Thema des finanziellen Verhältnisses von Reich, Ländern und Gemeinden, und damit auch des Finanzausgleichs.

Bei der Grundlegung seiner Ausführungen im Kapitel „Die Finanzpolitik des Reichs" stützt sich der Reparationsagent auf verschiedene Zitate, unter anderem auf die Etatrede des Reichsministers der Finanzen vom 16. Februar 1927. Eines dieser Zitate veranlaßt die Reichsregierung in ihrer Antwort zu einer Richtigstellung. Die Ausführungen der Reichsregierung lauten: „Die deutsche Regierung hat im vorstehenden ihre Auffassung von der Finanzlage und von der voraussichtlichen Tragfähigkeit der deutschen Wirtschaft klar gekennzeichnet. Ihr bleibt nur ein Mißverständnis aufzuklären, das über ihre nie geänderte Auffassung zu bestehen scheint. Das Memorandum erwähnt die Haushaltsrede vom 16. Februar, in der der Reichsminister der Finanzen im Hinblick auf die Reparationsverpflichtungen der beiden nächsten Jahre ausgeführt hatte, daß er ‚im gegenwärtigen Augenblick noch keine Möglichkeit erkenne, wie wir diese Beträge aufbringen können'. Dagegen lautet die Übersetzung des Memorandums: ‚At the present moment... I see no possibility of providing these sums.' In dieser Übersetzung fehlt die Wiedergabe des Wortes ‚noch', das nach deutschem Sprachgebrauch den Sinn des Satzes entscheidend beeinflußt. Als diese irrtümliche Übersetzung in der Auslandspresse erschien, ist dem bereits unter Bezugnahme auf das amtliche Reichstagsprotokoll entgegengetreten worden[15]."

---

[12] a. a. O. S. 33.   [13] a. a. O. S. 54/55.   [14] z. B. a. a. O. S. 23/25.
[15] a. a. O. S. 61.

Diese Richtigstellung der Reichsregierung legt die Frage nach der Genauigkeit und Zuverlässigkeit der Berichterstattung des Generalagenten für Reparationszahlungen im allgemeinen nahe. Die Frage deckt sich mit der anderen nach der Möglichkeit einer Kritik am sachlichen Inhalt der Reparationsberichte. Daß eine solche Kritik möglich ist, beweist bereits der Fall des Urteils über die Tätigkeit der Anleiheberatungsstelle und die Notwendigkeit seiner Revision angesichts der Ziffern der Reichsregierung. Daß eine solche Kritik, wenn sie möglich, auch berechtigt und sogar notwendig ist, bedarf, was die deutschen Interessen angeht, keines Beweises. Vor allem die Reparationsgläubiger aber müssen seitens ihres Beauftragten, des Generalagenten für Reparationszahlungen, eine bis in die Einzelheiten unanfechtbare Berichterstattung fordern, wenn anders sie eine brauchbare Übersicht über die getätigten Leistungen ihres Schuldners, über seinen Leistungswillen und seine Leistungsfähigkeit erhalten sollen und wollen. Im folgenden soll nunmehr der Nachweis versucht werden, daß der sachliche Inhalt der Berichte des Generalagenten für Reparationszahlungen an einigen nicht unwesentlichen Stellen bemerkenswerte Angriffspunkte offen läßt. Die folgenden Feststellungen machen keinen Anspruch auf vollkommene Vollständigkeit, es ist möglich, daß noch andere Anhaltspunkte für eine Erweiterung der Inhaltskritik der Reparationsberichte beigebracht werden können. Es fällt indes auf, daß von allen Berichterstattern, also einschließlich der Kommissare und Treuhänder, gerade die Berichte des Reparationsagenten selbst es sind, die am unmittelbarsten zu Richtigstellungen den Anlaß geben.

Es sind vor allem die Berichte des Generalagenten vom 30. November 1926 und vom 10. Juni 1927, in denen sich die angreifbaren Stellen finden, und es wird daher im folgenden vor allem auf diese Berichte Bezug genommen. Der Bericht vom 10. Dezember 1927 gibt weniger Anlaß zu Tatsachenkritik.

Im Bericht vom 30. November 1926 findet sich unter Kapitel „IV. Der Deutsche Haushalt" in Ziffer 3a ein Abschnitt, betitelt „Der Finanzausgleich mit den Ländern und Gemeinden"[16]. Der erste Absatz dieses Abschnittes hat in seinen einleitenden Sätzen folgenden Wortlaut: „Das schwierigste Problem in der Struktur des deutschen

---

[16] Deutschland unter dem Dawesplan. Die Reparationsleistungen im zweiten Teil des zweiten Planjahres. Die Berichte des Generalagenten vom 30. November 1926 nebst Sonderberichten der Kommission und Treuhänder, Berlin 1927, S. 37.

Haushalts ist der Ausgleich der Finanzbeziehungen zwischen dem Reich auf der einen und den Ländern und Gemeinden auf der anderen Seite. In früheren Zeiten erhoben die Länder und Gemeinden die Gesamtsteuern und überwiesen Teile an das Reich. Seit 1920 ist das Verhältnis geradezu umgekehrt, denn jetzt erhebt das Reich die meisten Steuern und überweist große Summen an die Länder, sowie durch diese an die Gemeinden. Augenblicklich wird die Angelegenheit durch das Gesetz vom 10. August 1925 derart geregelt, daß das Reich verpflichtet ist, an die Länder und Gemeinden 75 v. H. aller Eingänge auf Einkommensteuer und Körperschaftssteuer, 35 v. H. des Aufkommens der Umsatzsteuer vom 1. Oktober 1925 bis zum 31. März 1926 und 30 v. H. vom 1. April 1926 bis zum 31. März 1927, sowie 96 v. H. der Grunderwerbssteuer, der Kraftfahrzeugsteuer und der Rennwettsteuer zu überweisen." Es folgt anschließend eine Darstellung der Reichsgarantien für die Länderüberweisungen, wobei die Ermäßigung des Anteils der Länder und Gemeinden am Aufkommen der Einkommen- und Körperschaftssteuer von 90 v. H. auf 75 v. H. besondere Erwähnung findet[17].

Beim Weiterlesen findet man sodann auf der folgenden Seite des Berichtes, als Einleitung der Stellungnahme des Generalagenten und als Auftakt zu seiner Kritik, folgende Ausführungen:

„Das Problem selbst ist schwierig und, wie die Sachverständigen sagten, kompliziert wegen der sozialen und politischen Faktoren, von denen viele in historischen Traditionen tief wurzeln.

Das augenblickliche System ist jedoch weit davon entfernt, zufriedenstellend zu sein, und es ist schwer zu erkennen, ob es von Dauer sein kann. Das System entzieht dem Reich, ohne auf die augenblicklichen Bedürfnisse der Länder und Gemeinden Bezug zu nehmen, einen starken Prozentsatz der vom Reich erhobenen Einnahmen; das schlimmste ist jedoch, daß es dem Reich die sämtlichen Einkommen- und Körperschaftssteuern entzieht, also gerade die Steuern, die am meisten der Lage der Wirtschaft entsprechend sich entwickeln und die in erster Linie dafür verwendet werden sollten, die Verpflichtungen des Reichs selbst zu erfüllen[18]."

Es folgen Ausführungen über die Nachteile der damals geltenden Finanzausgleichsregelung, die in der Feststellung „Dies führt sie...

---

[17] a. a. O.
[18] a. a. O. S. 38.

bisweilen zur Verschwendung"[19] in eine scharfe Kritik an der Finanzgebarung von Ländern und Gemeinden ausläuft.

Es ist ohne Schwierigkeit festzustellen, daß der Inhalt des zweiten Zitates aus dem Bericht vom 30. November 1926 in einem wichtigen Punkte mit den Feststellungen des Berichterstatters auf der vorhergehenden Seite des nämlichen Berichtes im Widerspruch steht. Zuerst findet sich der Hinweis, daß der Anteil der Länder und Gemeinden am Aufkommen der Einkommen- und Körperschaftsteuer 75 v. H. ausmache, und die Herabsetzung dieses Anteils von 90 auf 75 v. H. wird noch besonders betont gelegentlich der Darstellung der Reichsgarantien. Eine Seite später wird dann die Behauptung aufgestellt, daß „das augenblickliche System" „dem Reich die sämtlichen Einkommen- und Körperschaftsteuern entzieht", und es wird dies noch besonders bedauert.

Zwischen den in den beiden Zitaten enthaltenen Aussagen klafft also eine Lücke in Gestalt einer Differenz von 25 v. H. des Aufkommens an Einkommen- und Körperschaftsteuer. Diese bleiben das eine Mal entsprechend der Darstellung der geltenden Reichsgesetze als Anteil des Reiches übrig, werden aber das andere Mal in ihrer Eigenschaft als Reichseinnahme völlig übergangen.

Man kann sich vielleicht etwas daran stoßen, daß der Reparationsagent den finanziellen Vorkriegsbeziehungen zwischen Reich und Ländern nur eine sehr summarische und überaus wenige Worte umfassende Würdigung zuteil werden läßt; man kann fernerhin einwenden, daß das vom Reparationsagenten zitierte Gesetz vom 10. August 1925 zur Zeit der Veröffentlichung des Berichtes vom 30. November 1926 bereits durch die Verordnung vom 27. April 1926[20] umredigiert war, und man kann daher dem Berichterstatter nachweisen, daß seine Angaben über die rechtlichen Grundlagen des damals geltenden Finanzausgleichs den häufigen Änderungen des Rechts nicht durchweg gerecht wurden. Gegenüber der Feststellung, daß die Einkommen- und Körperschaftsteuer, d. h. „gerade die Steuern, die am meisten der Lage der Wirtschaft entsprechend sich entwickeln und die in erster Linie dafür verwendet werden sollten, die Verpflichtungen des Reiches selbst zu erfüllen"[21], dem Reiche entzogen wurden, gewinnen die Einwendungen

---

[19] a. a. O.
[20] Vgl. Rgbl. 1926, Teil I, S. 203 ff.
[21] Bericht vom 30. November 1926, S. 38.

der Reichsregierung besonderes Gewicht, wenn sie ausführt, daß, „da dem Reich die festen Lasten des Sachverständigenplanes verbleiben, ... es sich im weitesten Umfange auf die Steuern stützen" muß, „die durch die Schwankungen der Wirtschaft verhältnismäßig am wenigsten berührt werden (Verbrauchssteuern)"[22]. Man kann also das Argument des Reparationsagenten in diesem Punkt ohne Schwierigkeit widerlegen. Das schlimmste ist jedoch, daß der 25prozentige Reichsanteil am Aufkommen der Einkommen= und Körperschaftsteuer gerade an der Stelle vom Reparationsagenten außer acht gelassen ist, wo es sich um die grundlegenden Ausführungen für die Kritik des deutschen Finanzausgleichs handelt. Hier steht ganz einfach Reparationsagent gegen Reparationsagent, da die fraglichen 25 v. H. einmal angeführt werden und ein andermal, und zwar an einer nicht unbedeutsamen Stelle des Berichtes, übergangen werden.

Es ist noch nötig, einiges über die ziffernmäßige Bedeutung der fraglichen Auslassung zu sagen. Nach dem Bericht des Generalagenten für Reparationszahlungen vom 10. Juni 1927 stellten sich die Ist=Einnahmen aus Einkommen= und Körperschaftsteuer in ihren verschiedenen Arten auf insgesamt 2635,6 Millionen Reichsmark. 25 v. H., d. h. der vierte Teil hiervon, sind 658,9 Millionen Mark laufender Reichseinnahmen[23]. Berechnet man das Verhältnis dieses übergangenen Einnahmepostens einerseits zu den Gesamteinnahmen des Reiches in 1926/27, zweitens den Gesamtsteuereinnahmen und drittens den Gesamteinnahmen aus Besitz= und Verkehrssteuern, wie der Reparationsagent sie in seinem Bericht vom 10. Juni 1927 angibt[24], so erweist sich, daß im Bericht vom 30. November 1926 gelegentlich der Grundlegung der Kritik des Finanzausgleichs über 8,5 v. H. der gesamten Reichseinnahmen, rund 9,5 v. H. der gesamten Steuereinnahmen des Reichs und damit zugleich rund 14 v. H. der Einnahmen aus Besitz= und Verkehrssteuern im Haushaltsjahr 1926/27 außer Betracht gelassen wurden.

Die der Kritik unmittelbar offenstehenden Punkte des Berichtes vom 10. Juni 1927 sind nicht von entsprechender Bedeutung wie der an=

---

[22] Memorandum und Antwort S. 56.
[23] Deutschland unter dem Dawesplan. Die Reparationsleistungen in der ersten Hälfte des dritten Planjahres. Die Berichte des Generalagenten vom 10. Juni 1927 nebst Sonderberichten der Kommissare und Treuhänder. Berlin 1927, S. 40.
[24] a. a. O. S. 29.

gegebene Fall; dafür sind aber diese der Kritik offenstehenden Punkte weit zahlreicher. Wiederum ist es der Finanzausgleich, der den Gegenstand der Kritik des Berichterstatters bildet, und wiederum ist es die Grundlegung dieser Kritik, die zur Vornahme einer gewissen Korrektur auffordert. Der Reparationsagent führt aus:

„Zweifellos sind die finanziellen Beziehungen zwischen dem Reich und den Ländern und Gemeinden durch ihren historischen und politischen Hintergrund sehr kompliziert. Vom finanziellen Standpunkt aus reduziert sich die Regelung indessen einfach auf die Frage der Verteilung der Einkünfte zwischen dem Reich einerseits und Ländern und Gemeinden anderseits. Es ist daher nicht unangebracht, die Frage vom finanziellen Standpunkt zu betrachten, besonders wegen ihrer engen Beziehung zur Durchführung des Sachverständigenplans[25]."

An dieser Stelle wird das Problem der sogenannten „Lastenverteilung" zwischen Reich, Ländern und Gemeinden übergangen. Dies Problem ist, wie neuerdings die aktuell gewordenen Fragen der Auswirkungen der Beamtengehaltserhöhung und zum Teil des Reichsschulgesetzes beweisen[26], von größter Bedeutung, es ist sogar bei den Fragen der Durchführung des Finanzausgleichs vielleicht als das mit an erster Stelle stehende Problem zu bezeichnen. Es ist indes nicht bezweckt, mit diesen Ausführungen die Gegenüberstellung: Ausgaben—Einnahmen oder Einnahmen—Ausgaben um ein neues Argument zu bereichern. Es genügt vielmehr der Hinweis, daß dem Reparationsagenten das Problem der Lastenverteilung zwischen Reich, Ländern und Gemeinden nicht unbekannt ist. Zweimal nimmt er im Bericht vom 10. Juni 1927 auf diese Frage unmittelbar Bezug. Das erstemal geschieht diese Bezugnahme dort, wo bei Besprechung der einmaligen Ausgaben des Reichshaushalts für 1927/28 beim „Reichsministerium für die besetzten Gebiete" ein Betrag von 30,0 Millionen Reichsmark als „Subsidien an die Gemeinden der besetzten Gebiete" ausgewiesen wird[27], also die Teilnahme des Reichs an den Lasten der im besetzten Gebiet gelegenen Gemeinden berührt wird. Zum zweitenmal aber beweist der Reparationsagent seine Kenntnis der Fragen der Lastenverteilung und des Lastenausgleichs, wo er — nachdem er den Betrag der Überweisungen an die Länder und Gemeinden und ihr Verhältnis zu den Gesamteinnahmen des Reichs in den Jahren 1924/25 bis

---

[25] a. a. O. S. 53, b.   [26] Vgl. auch Memorandum und Antwort S. 21/23.
[27] Bericht vom 10. Juni 1927, S. 37.

1927/28 angegeben hat — ausführt: „Diese Zahlen schließen nicht die vom Reich an die Länder und Gemeinden für Sonderzwecke abgeführten Zahlungen ein, z. B. Zahlungen an die Länder für die Kosten der Polizei. Diese Zahlungen belaufen sich nach dem Voranschlag 1927/28 auf etwa 190 Millionen Reichsmark[28]."

Es ist klar, daß die Stichhaltigkeit der Kritik am Finanzausgleich leiden muß, wenn diese Seite des Finanzausgleichsproblems übergangen wird. Es bedarf indes noch besonderer Feststellung, daß die Angriffspunkte der Kritik bisher zweimal in der Grundlegung der Finanzausgleichskritik des Reparationsagenten sich finden, einer Kritik, die im Bericht vom 30. November 1926 den Vorwurf der gelegentlichen „Verschwendung" seitens der Länder und Gemeinden enthielt[29] und die im Bericht vom 10. Juni 1927 sich dahingehend äußert, daß „unter diesem System ... das Reich ständig in der Gefahr" schwebe, „übervorteilt zu werden"[30].

Die Ausführungen im Berichte vom 10. Juni 1927 sind, sobald sie den Finanzausgleich zum Gegenstand haben, aber auch sonst von Interesse. Eine Gegenüberstellung der Ausführungen über die Reichsgarantie eines Mindestaufkommens an Einkommen-, Körperschafts- und Umsatzsteueranteilen der Länder und Gemeinden ergibt erst folgendes Bild:

Einerseits wird berichtet:

„Das frühere Finanzausgleichsgesetz war am 10. August 1925 verkündet; wie bereits in früheren Berichten ausgesprochen, bestand die Absicht, den Weg für eine endgültige Lösung vorzubereiten. Das Gesetz enthielt eine Garantie des Reiches gegenüber den Ländern und Gemeinden, daß ihr Anteil an den Einkommen-, Körperschafts- und Umsatzsteuern nicht unter 2100 Millionen Reichsmark sinken würde; ferner eine Sondergarantie, daß ihr Anteil an der Umsatzsteuer allein nicht weniger als 450 Millionen Reichsmark betragen werde. Inzwischen trat eine allmähliche Herabsetzung des Satzes der Umsatzsteuer ein. Infolgedessen mußte das Reich im Rechnungsjahre 1926/27 Zahlungen bis zu einem Betrag von 187 Millionen Reichsmark auf Grund dieser Sondergarantie leisten. Diese Sondergarantie für den Ertrag der Umsatzsteuer erlosch nach ihren eigenen Bestimmungen am

---

[28] a. a. O. S. 44/45.
[29] Bericht vom 30. November 1926, S. 38.
[30] Bericht vom 10. Juni 1927, S. 54.

31. März 1927. Es ist wohl verständlich, daß sie in dem neuen Gesetze nicht wieder auflebte[31]."

Sodann finden sich über das Ist-Aufkommen der Einkommen-, Körperschafts- und Umsatzsteuer in 1926 folgende Angaben:

Einkommensteuer:
  Lohnabzug . . . . 1094,8 Millionen Reichsmark[32]
  Kapitalertragsteuer . . . 94,4 „ „
  andere Einkommensteuer . . 1064,5 „ „
  Körperschaftsteuer . . . . 381,9 „ „

Umsatzsteuer:
  allgemeine . . . . 865,0 „ „
  erhöhte (Luxus) . . . . 10,8 „ „

Bei der Kritik des Finanzausgleichs wird dann aber ausgeführt: „Indessen kann der augenblickliche provisorische Ausgleich, wobei die Länder und Gemeinden einen bestimmten Prozentsatz von gewissen Steuern erhalten und das Reich den Ertrag dieser Steuern garantiert, nicht als eine für das Reich wirtschaftliche Regelung angesehen werden. Auf Grund dieses Verteilungsplans behält das Reich, wenn Deutschland vorwärts kommt und seine Einnahmen aus diesen Steuern wachsen, nur einen geringen Anteil aus dieser Zunahme. Wenn sich aber aus irgendwelchen Gründen diese Einnahmen vermindern, dann würde sich nicht nur der Anteil des Reichs vermindern, sondern das Reich müßte dann noch auf andere Einnahmen zurückgreifen, um seiner Garantieverpflichtung nachzukommen. Dies ist im Jahre 1926 bis 1927 tatsächlich geschehen und wird nach den derzeitigen Voranschlägen im Jahre 1927/28 wiederum geschehen, wenn auch in geringerem Ausmaße[33]."

Diese Ausführungen sind etwas unklar und lassen den Schluß zu, daß der Berichterstatter der Ansicht sei, das Reich habe zur Erfüllung seiner den Ländern und Gemeinden gegenüber übernommenen Garantien auf andere Einnahmen zurückgreifen müssen, als auf die Erträgnisse der drei Reichssteuern, für die die Garantie galt. Nun warf aber die Umsatzsteuer, bei der das Einspringen des Reichs in 1926/27 nach dieser Darstellung notwendig wurde, allein 875,8 Millionen

---

[31] Bericht vom 10. Juni 1927, S. 45.
[32] a. a. O. S. 40, Sp. 4.
[33] a. a. O. S. 54.

Reichsmark ab, so daß das Reich bereits allein aus dem Aufkommen dieser Steuer die Einhaltung seiner Umsatzsteuergarantie in Höhe von nur 450 Millionen Reichsmark ermöglichen konnte. Für 1927/28 liegt der Fall ähnlich. Von einem Zurückgreifen des Reichs auf andere Einnahmen, als das Aufkommen der Überweisungssteuern, kann also nicht die Rede sein.

Noch in zwei weiteren Hinsichten leidet die Finanzausgleichskritik des Reparationsagenten an Unklarheiten. Wenn nämlich der Reparationsagent ausführt, daß „die Zahlungen an Länder und Gemeinden gemäß den Bestimmungen des Finanzausgleichs ohne Rücksicht auf ihre finanzielle Lage und ihre Bedürfnisse geleistet" werden[34], und daß „vom Standpunkt gesunder Haushaltsgebarung... es unumgänglich" erscheint, „von den Ländern und Gemeinden einen klaren Nachweis der Notwendigkeit zu verlangen, bevor ihnen gestattet wird, dem Reich Beträge in einem Maße zu entziehen, welches für seinen Haushalt einen beträchtlichen Fehlbetrag zur Folge hat[35]", so erklären sich diese Ausführungen nur aus der Vernachlässigung der Lastenverteilung. Ob der Fehlbetrag im Reichshaushalt von den Überweisungen an die Länder und Gemeinden herrühre oder etwa von den Kriegs- und Reparationslasten, kann auch kaum entschieden werden, anderseits darf die Form des Ausdrucks des Reparationsagenten als in diesem Falle zu allgemein und daher angreifbar bezeichnet werden.

Daß die Überweisungen des Reichs nicht ohne jede Kenntnis und Berücksichtigung der Bedürfnisse der Länder und Gemeinden geleistet werden, beweist die Festsetzung der Reichszuschüsse zu den Polizeiausgaben der Länder, beweisen aber auch die Bestimmungen der §§ 54ff. des Finanzausgleichsgesetzes in der Fassung vom 27. April 1926[36]. Aus ihnen ergibt sich, daß eine Berechnung gewisser finanzieller Bedürfnisse der Länder und Gemeinden in zwingender Weise mindestens bei allen im Zusammenhang mit der Lastenverteilung stehenden Neu- und Mehrausgaben vom Reich als notwendig angesehen wird. Die in Betracht kommenden Beträge erfährt das Reich, es muß sie erfahren, so daß es mindestens teilweise einen Überblick über die Finanzbedürfnisse der Länder — gelegentlich auch der Gemeinden — erhält. Die Tätigkeit der Anleiheberatungsstelle ermöglicht

---

[34] a. a. O. S. 54/55.
[35] a. a. O. S. 55.
[36] Reichsgesetzblatt 1926 I, S. 203 ff.

ihrerseits einen gewissen Einblick in diese Finanzbedürfnisse. Zudem sind die Haushaltspläne wie die Parlamentsverhandlungen der deutschen Länder der Öffentlichkeit und vor allem den Behörden, an ihrer Spitze dem Reichsfinanzministerium, zugänglich. Schwieriger ist die Lage nur bei den Haushalten der Gemeinden, bei denen die Publizität oft so beschränkt ist, daß sie als praktisch kaum vorhanden bezeichnet werden muß. Eine weitgehende statistische Erhebung für die Lage der Länder- und Gemeindefinanzen ist zudem in Arbeit. Der Vorwurf, das Reichsfinanzministerium handle mit mangelhafter Kenntnis der Finanzbedürfnisse der Länder und Gemeinden, bedarf somit einer nicht unerheblichen Einschränkung. Dies gilt vor allem auch angesichts des Umstandes, daß der Reparationsagent, wenn er diesen Vorwurf erhebt, in einen gewissen Widerspruch zu seinen eigenen Ausführungen gerät, wo er über den Staatshaushalt des Freistaats Preußen berichtet[37].

Schließlich darf bei Betrachtung der Finanzausgleichskritik des Generalagenten für Reparationszahlungen eine Bemerkung nicht übergangen werden. Herr Gilbert führt aus: „Drittens neigt das gegenwärtige Verfahren dazu, die Verantwortung des Reichs einerseits und der Länder und Gemeinden anderseits für die Besteuerung zu verwirren. Im großen und ganzen ist es ein gesundes Besteuerungsprinzip, wenn die Steuern von derselben Regierungsbehörde erhoben werden, die die Ausgaben macht. Bei dem in Deutschland in Kraft befindlichen Verfahren indessen betätigen sich die Länder in der Verausgabung eines großen Teiles der Steuern, für deren Eintreibung das Reich die Verantwortung hat. Diese Tatsache führt von selbst dazu, die Länder und Gemeinden von dem Druck einer sparsamen Verausgabung zu befreien, der sonst sicherlich vorhanden wäre, wenn sie die Verantwortung für die Aufbringung der für die Bezahlung ihrer eigenen Ausgaben nötigen Steuern tragen würden[38]." Dieses Zitat ist wörtlich in den Bericht vom 10. Dezember 1927 übernommen[39] und enthält eine Art von grundsätzlicher Stellungnahme zum deutschen Finanzausgleich.

Die Darstellung der Folgen des Finanzausgleichs, wie sie sich in diesen Zeilen findet, enthält — neben dem Vorwurf einer mangeln-

---

[37] Bericht vom 10. Juni 1927, S. 59/63.

[38] a. a. O. S. 55.

[39] Vgl. Reparation Commission XVII. Official documents. Report of the Agent-General für Reparation Payments (Dec. 10. 1927). London 1927, S. 66.

den Sparsamkeit gegenüber den deutschen Ländern und Gemeinden — eine äußerst interessante Problemstellung. Es sind heute für viele moderne Staaten die Fragen der Überweisungen und die Probleme der Verteilung der Steuerhoheit, teils infolge ihres Aufbaus als Staatenvereinigung, teils sonstwie praktisch höchst aktuell. Hier wird nun ein Prinzip aufgestellt, das gerade in diesem Zusammenhang einer ganz besonderen Würdigung wert ist: der Grundsatz, daß die Stelle, die die Ausgaben macht, auch die Steuern erheben soll. Es besteht die Gefahr, daß in seiner letzten Konsequenz dieser Grundsatz zu dem vielfach verworfenen Zwecksteuersystem führt. Aber es ist weniger diese Folgerung, als vielmehr die Begründung des Grundsatzes von Interesse. Die Vereinigung von Steuer- und Ausgabehoheit wird als ein Grund und Anreiz zu verstärkter Sparsamkeit bezeichnet, da mit der Verantwortung für die Aufbringung der für die Bezahlung von Ausgaben nötigen Steuern ein „Druck einer sparsamen Verausgabung" gegeben sei. Ein gewisses Maß von Berechtigung scheint diesem Argument wohl zu gebühren, es wäre, wie gesagt, wohl der Mühe einer eingehenden Untersuchung wert.

Für den speziellen Fall, für den das Prinzip aufgestellt wird, für den deutschen Finanzausgleich und seine endgültige Regelung, wäre die Folge seiner Anwendung aber nicht abzusehen. Entweder nämlich würde es sich darum handeln, daß das Reich die wesentlichen Aufgaben der Länder und Gemeinden übernehmen müßte, oder es müßte in weitgehendem Maße die Finanzverwaltung und Steuerhoheit an die Länder und Gemeinden zurückgegeben werden. Im Interesse der Erfüllung der Reparationsverpflichtungen hat das Reich seinerzeit den Ländern und Gemeinden die Einkommensteuer, den Ländern die Vermögensteuer entzogen, die Körperschaftsteuer für sich ausgestaltet. Für die Länder bedeutete es eine wesentliche Beeinträchtigung ihrer bisherigen finanziellen Selbständigkeit, daß sie auf selbständige Einkommens- und Vermögensbesteuerung verzichten mußten und mit Überweisungen von Quoten der Reichssteuern abgefunden wurden. Immer wieder taucht das Programm auf, die Länder sollten die eigene Einkommensteuer zurückzugewinnen suchen. Würde den vom Reparationsagenten geäußerten Wünschen entsprochen, so würde eine im Interesse der Erfüllung der Reparationsverpflichtungen des Reichs mühevoll geschaffenes Werk in Frage gestellt. Politisch würde ein Abgehen vom bisherigen Wege überaus schwierige Probleme aufrollen. Solange Deutschland seinen Reparationsverpflichtungen nachkommt und Beweise seines guten Willens hierfür gibt, würde schwerlich eine Nötigung, vom bisherigen Wege abzugehen, der Sicherung der Reparationsleistungen förderlich sein.

Die Ausführungen des Generalagenten für Reparationszahlungen zu den deutschen Finanzausgleichsfragen betreffen aber in Wahrheit noch eine rein innerdeutsche Frage: die in der Nachkriegszeit in der deutschen Politik so heiß umstrittene Frage: Föderalismus oder Unitarismus. Daß die Ausführungen des Berichterstatters zu diesem Punkt auf eine Verstärkung der Macht des Reichs gegenüber den Ländern und Gemeinden hinzielen, beweist die von ihm wiederholt gegebene Empfehlung, daß nicht nur die Anleihe-, sondern die gesamte Ausgabegebarung der deutschen Länder und Gemeinden unter Kontrolle des Reichs gestellt werden solle. In diesem Zusammenhang aber bedeutet das Argument, daß entsprechende Einnahmeverantwortlichkeit mit den Ausgabekompetenzen notwendig zusammenfallen müsse, einen Widerspruch gegen die sonstige Stellungnahme des Herrn Berichterstatters. Die Milliardenüberweisungen des Reichs an die Länder, die Millionenüberweisungen dieser letzteren an die Gemeinden zeigen, daß — von den mehr finanztechnischen Transaktionen abgesehen — die eigentlichen Einnahmekompetenzen in geringerem Umfange bei Ländern und Gemeinden liegen, als dies nach dem Grundsatz des Reparationsagenten zweckmäßig erscheint. Wenn die Einnahmeverantwortlichkeit den Ausgabekompetenzen angegliedert werden soll, und zwar zum Zweck der Erzielung größerer Sparsamkeit, so müßte bei den heutigen Verhältnissen den Ländern und Gemeinden die seinerzeit dem Reich übertragene Steuerhoheit weitgehend zurückgegeben werden. Damit würden aber die Finanzbefugnisse des Reichs sehr geschwächt.

Zum Schlusse noch eine Richtigstellung hinsichtlich einer Tatsachenfrage. Im Berichte des Generalagenten für Reparationszahlungen vom 10. Juni 1927 finden sich die folgenden Zeilen über die deutsche Scheidemünzprägung: "Die Regierung hat ... ein Programm für neue Münzprägungen aufgestellt, das erstens den Ersatz der sich jetzt noch im Umlauf befindenden 5-Mark-Rentenbankscheine durch 5-Mark-Silberstücke vorsieht, und zweitens den Ersatz der derzeitigen 50-Pfennig-Bronzemünzen durch entsprechende Nickelmünzen. Es hat sich herausgestellt, daß diese Bronzemünzen infolge der zahlreich vorgekommenen Fälschungen unanbringbar geworden sind[40]." Diese letztere Behauptung deckt sich nicht genau mit den Tatsachen. Die deutschen Bronzemünzen zu 50 Pfennigen sind zwar gefälscht worden, aber von einer Unanbringbarkeit kann nicht die Rede sein, sie erfüllen ihre Aufgabe als Kleingeld im täglichen Verkehr heute noch.

In den vorhergehenden Zeilen wurde fast nur eine Kritik des Tatsacheninhalts der Reparationsberichte versucht, und es scheint, daß eine solche Kritik möglich und bis zu einem gewissen Grade berechtigt ist. Die Kritik des Gedankeninhalts wurde fast völlig unterlassen, da die Fragestellung nach ihrer Möglichkeit einer viel eingehenderen Begründung bedarf. Daß diese Fragestellung ebenfalls ihre Berechtigung hat, mindestens im Sinne des Deutschen Reichs und des deutschen Volkes, wird schon durch den Hinweis auf die überragende Bedeutung klar, die sowohl die Reparationsgläubiger wie auch andere ausländische Kreise den Verlautbarungen des Reparationsagenten sehr begreiflicherweise zumessen.

---
[40] Bericht vom 10. Juni 1927, S. 43.

Printed by Libri Plureos GmbH
in Hamburg, Germany